滔天曹家散盡飛鳥各投林，十年浮沉鑄就紅樓辛酸淚

滿紙荒唐言

的追求與祭奠

曹雪芹

山陽，張蘭芳 編著

見證衰亡之眼，大廈傾倒之筆，以《紅樓夢》祭奠逝去的盛景

《紅樓夢》是曹雪芹的畢生心血
鐘鳴鼎食十年落敗樂清貧，貧困潦倒下的唾血之作
千芳一哭，萬豔同悲，珠玉咳唾十年集成紅樓夢
他說這裡面沒有曹家，沒有自己
——其實無非曹家，無非自己

崧燁文化

目錄

目錄

上官學的日子

一身才氣有君識

生命的最後歲月

附錄

目錄

序

成就與貢獻

曹雪芹的最大貢獻在於小說的創作。他的小說《紅樓夢》內容豐富，思想深刻，藝術精湛，把中國古典小說創作推向了最高峰。

《紅樓夢》為我們展示了一幅封建社會末期的全景圖畫，反映了封建社會各個方面，預示了封建社會不可挽回的衰敗命運。

《紅樓夢》透過以賈寶玉為代表的封建叛逆者與封建勢力的鬥爭，猛烈地抨擊了封建道德的虛偽和腐朽，熱情歌頌了新生的、不可抗拒的叛逆精神，表現了作者進步的社會思想和民主主義思想，這是全書的一條主線，象徵著《紅樓夢》思想達到的新高度。

地位與影響

曹雪芹所著的《紅樓夢》在文學發展史上占有十分重要的地位。據統計，《紅樓夢》迄今已有 18 種文字，60 多種譯本，在世界各國發行。它是世界文學寶庫中第一流的珍品，並且必將越來越多地獲得世界各國的欣賞。

序

在現代，更是產生了一門專以研究紅樓夢為主題的學科，被稱為「紅學」。除文學外，世界「紅學」研究甚至涉及服飾、民俗等各個領域。

國外學者把「紅學」與「甲骨學」、「敦煌學」一起列為關於中國的三門世界性的「顯學」，甚至有學者認為：「在中國夠得上專學之資格的小說，僅一部《紅樓夢》而已。」

《紅樓夢》是中國古今第一奇書，是中國古典小說的金字塔。魯迅說，《紅樓夢》將「傳統的思想和寫法都打破了」。

可以這麼說，研究紅學的人，實際上是與 5,000 年中華文化、與百科知識打交道，所以它是永恆的、永遠研究不完的，永遠是一個世界文化之謎。

《紅樓夢》一書被評為中國最具文學成就的古典小說及章回小說的巔峰之作，被認為是「中國四大名著」之首。

錦衣玉食的童年

世襲織造六十載，承恩接駕有四回，銀錢濫用如泥沙，
哪知禍在福字下。

—— 曹雪芹

出身於官宦世家

江流滾滾，晝夜不停。古稱龍盤虎踞的石頭城江寧，雖不及當年六朝時的繁華，然而，作為大清帝國在江南施行政令的頭號重鎮，它依舊保持著一個水陸交通發達的大都會所特有的氣魄與風致。

大約是為了顯示滿族封建統治者統一中國的功績，清王朝把明朝稱作南京的這一地方改為南唐舊稱江寧，江寧府治就設於城內。其實，這個地方在之前也稱金陵。

在府治東北角，總督衙署前邊有一條叫利濟巷的大街。這裡坐落著一處較江寧府治和總督衙署更為富麗恢弘的建築群，這便是赫赫有名的曹家江寧織造署的所在地。

曹家的江寧織造署是一座外觀略呈正方形的大院落。署衙門前蹲坐著兩個高大雄健的漢白玉石獅子。據說，這是一種顯示主人身分與威嚴的鎮物。從高大的朱漆大門看進去，深不可測，宛如當朝王公巨卿的府邸。

時值盛夏，整個署衙院落裡，林木蔥鬱，枝柯相接，竹樹聯袂投於地下的濃蔭，與天際山雨欲來的滾滾烏雲疊合，恰像一個碩大的華蓋籠罩下來，讓人感覺有些壓抑和沉悶。

曹家當時屢遭不幸，非常不順利。在康熙五十一年，最受康熙皇帝寵愛信賴的江寧織造曹寅去世了。經過這位老皇帝的特諭恩准，由曹寅的長子曹顒承襲了父職，繼任江寧織造。

　　誰想這曹顒命運不濟，剛接任不滿三年，就身染重病，因醫治無效，於康熙五十三年也命歸黃泉。康熙哀痛之餘，可憐曹家屢遭變故，人丁不旺，為了挽救這一家族的頹運，特又傳下詔書，命時已亡故的曹寅弟弟曹宣的兒子曹頫過繼到其名下，以姪為子，承嗣曹寅一脈的香火，仍襲任江寧織造這一重要世職。

　　康熙對於曹家，真是恩澤有加，關照無微不至。這中間的關係，還得從曹家的先祖曹世選說起。曹世選又名曹錫遠，原為漢族人，祖籍江西南昌武陽鎮。

　　明朝時，曹世選曾任過瀋陽中衛的地方官。明熹宗天啟元年，清太祖努爾哈赤攻陷瀋陽，曹世選於亂軍中被俘虜，淪為滿洲旗主的奴隸。不久，他跟了多爾袞部，被編入漢軍旗籍。

　　曹世選的兒子曹扼言，年輕驍勇，也隨他父親加入了多爾袞的軍旅。後來他因作戰有功，轉入滿洲正白旗籍，擔任佐領的軍職。

　　清世祖順治六年，曹扼言追隨已做了攝政王的多爾袞西征大同，多次立下戰功。

　　滿人入主中原以後，曹扼言歷任山西平陽府吉州知州、大同府知府，一直升到浙江鹽法參議使。他的地位逐漸顯赫起來，身分也由奴隸一躍而成為了享受世代俸祿的官宦之家。

　　曹扼言後來被調回北京，分派到宮廷內務府，直接為皇室服務，隸屬正白旗包衣漢軍。從此，曹家與掌握政權的皇室建

立起了一種十分特殊而親密的主奴關係。

　　曹扼言生有兩子，長子曹鼎，次子曹璽。由於曹家有直接為皇室服務的機緣，曹璽的夫人曾有幸被選進宮內，當了太子玄燁幼時的乳母。玄燁後來繼位做了皇帝，就是康熙帝。

　　等到康熙登基做了皇帝，曹璽便自然而然地受到了這位新皇上特別的信任與關照，他便成為了康熙的親信近臣。這樣，曹璽對內是皇帝的忠實奴才，對外卻能代表皇帝，如同皇帝親命的欽差大臣一般。

　　皇帝有什麼特殊使命，往往交給像曹璽這樣最信得過的奴才去辦。康熙登基的第二年便委曹璽重任，派他到江南去，擔任江寧織造之職。曹家從此更加顯貴起來，移居江南達 60 年之久。

　　江寧織造表面上好像只是一個替皇室督辦絲綢、染織，採買各項衣物貨品，專向宮廷內務供應的官署，其實不然。康熙派曹璽去南方，還交給他一項祕密的重要使命，就是要他到那裡暗做皇帝耳目，幫助康熙了解江南的社會動態和吏治民情。

　　在當時，大清帝國建立未久，南方一些地方的反清抗爭還沒有完全停止。特別是有一些明末的舊臣宿儒，恥於做順民，仍有較強烈的反清復明情緒。這都有待於最高統治者恩威並施，用大力氣去做細緻的團結與爭取工作。

　　曹璽有相當的文化修養，他既是漢人，又屬旗籍，兼有這雙重身分，擔任這項職務，當然是最為合適的人選了。所以，康熙派他到江南專差其任，並賦予他「有事可以直接向皇帝密奏稟報」的特權。有著這一層關係，曹家也就在江寧深深扎下了根。

　　待到曹璽的兒子曹寅、曹宣長大後，更受到康熙皇帝的特別恩寵。曹寅少年時，就到皇宮裡做康熙的伴讀。在16歲時，擔任了康熙皇帝的御前侍衛。

　　曹寅又十分聰敏勤學，飽讀經史，擅長琴棋書畫，詩也寫得特別好。加上他又有卓越的政治才幹，所以，當曹璽於康熙二十三年病逝後，沒有過多久，康熙就命曹寅承襲父職，繼任為江寧織造。

　　從曹璽算起，到曹頫這一代，祖孫3代4人，總共做了59年的江寧織造。康熙皇帝一生6次南巡，4次都以曹寅任內的江寧織造署為行宮。由此可見，康熙與曹家的關係，確實非比尋常。

　　由於這些關係，曹頫的兩個女兒也都被選為宮妃。曹家可謂煊赫一時。幾十年間，真有所謂「烈火油烹，鮮花著錦之盛」。

遺腹子的降生

　　曹頫在康熙五十四年三月初六日，開始走馬上任。那時候，曹顒的喪事剛剛料理完畢，整個織造府裡，都還處在舉哀守喪之期。不要說親族妻室個個都身著孝服，連家中丫鬟僕役一輩人等，也一律只許穿皂色或月白色素裝。婦女不簪花飾，不施脂粉，連廊下掛的鸚鵡，似乎也啞了，不再像往昔那樣多嘴多舌。轉眼間到了這年的夏曆五月，有一天，天空烏雲越聚越濃重，閃電劃過，緊接著便響起「轟隆隆」的雷聲。一陣涼風，挾著蠶豆般大的雨滴「劈劈啪啪」落了下來，好一場暴風雨。

　　在大雷雨中，曹府內宅裡人影幢幢，進進出出，好像在忙碌著一件什麼要緊的事情。不多時，曹顒寡妻馬氏分娩的喜訊終於傳了出來。這喜訊首先由丫鬟稟報到曹寅的遺孀李老夫人居住的「萱瑞堂」裡來：「恭喜老祖宗，賀喜老祖宗，大太太喜得貴子，給您抱了長孫了啊！」

　　李老夫人聞訊，自然是樂得眼含喜淚，簡直合不攏嘴兒，真個是喜出望外。自打丈夫曹寅和兒子曹顒不幸相繼亡故，她是日日想，夜夜盼，就指望著身懷六甲的寡媳馬氏能為曹家生育個男孩兒。那樣也算曹家祖上有德，血脈宗室也就有繼了。果然蒼天有眼，李老夫人感覺，可要好好報答佑福曹家的神靈啊！

　　想著這些，李老夫人心裡樂滋滋的，像注滿醇酒一般。她禁不住眼望上蒼，雙手合十，連連謝天謝地。一時間，喜訊不脛而走，大家都知道曹府添人進口，得了一位小少爺。這位遺腹子，便是後來寫出《紅樓夢》這一文學巨著的偉大作家曹雪芹。

　　再說那日，曹顒寡妻馬氏分娩生下一男嬰的喜訊傳到織造衙署正堂，正在處理公務的曹頫聞訊，當然也顯出一些喜慶的模樣，他連連說：「同喜，同喜。天恩祖德。」當然內心裡不免掠過一絲莫名的苦澀滋味。

　　按照祖上傳下來的規矩，堂兄曹顒既已過世，自己又是奉當朝皇上欽命，名正言順過繼給伯父曹寅做了兒子的，那麼，這遺腹而生的姪兒，也就應該當做親生兒子一樣，他應該自覺承擔起做父親的責任。

　　然而，這遺腹子到底並非己出，再加上他自知自己夫人王氏生性是一個心地褊狹的人，日後不要在這孩子身上鬧出些不好的事才好。

　　還有一個原因，在封建社會裡人們大多迷信，日常生活中有諸多禁忌。譬如丈夫死了妻子生下遺腹子來，閒言碎語的議論就很多。什麼這孩子命硬啊，未來到世間就剋死了親爹啊；什麼「白虎星降世」啊，長大也是個「孽障」啊……

　　曹頫還算是個知書識禮的人，雖然這些觀念也影響著他，但他表面自然是顯露不出來的。曹頫立即放下公務，略微整一

整衣著，離開衙署，快步趕回到內宅「萱瑞堂」裡來，向母親請安。這位母親，就是曹頫昨日還喚作伯母的曹寅遺孀李老夫人。請安施禮後，曹頫便在一旁落了座。

「多日乾旱，今日降了喜雨。大太太又在這『**轟隆隆**』雷聲裡，生下貴子，真可謂是雙喜臨門啊！我說呢，這就是上天的恩賜，咱曹家福緣不淺啊！」李老夫人掩飾不住自己的激動之情，對兒子先說了話。

「是的，是的，母親。入夏以來，數這場雨聲勢大，下得透。這孩子乘龍而來，莫不是雷公爺爺給咱曹家送來的驕子？哈哈哈……」曹頫竭力順應著李老夫人的話。

不知什麼緣故，李老夫人眉宇間略略顯出有些不愉快來。她白了曹頫一眼，嘴角囁嚅著，卻並沒有再說出什麼話。這時，曹頫似乎也意識到了自己回話的唐突，趕快從上衣口袋裡掏出白絲巾手帕，擦拭額頭滲出的涔涔汗水。

試想，雷公原是凶神惡煞，哪裡會有送子娘娘的慈善與吉祥呢？果真是雷公爺爺送子，那麼這孩兒長大以後，保不定也會成為一個不守本分、桀驁不馴的孽障了。曹頫自知失言，訕訕地微微低下頭去。

「我看我這孩子有些來頭，隨著天上的甘霖降到世間，倒很應著一個吉字。呼雷閃電的，說不定是天神送他降世下凡排就的鼓樂、儀仗呢！送子娘娘櫛風沐雨把他護送到我家，只怕將

來必是個大福大貴之人。我看就應著這場及時好雨，先為我這嬌孫孫取個名字。」

李老夫人見多識廣，很會說話，氣氛頓時祥和了許多。

「母親說得極是，孩兒這就去翻查一下經書。」這曹頫深知祖輩的家風，為子孫取名字都十分講究，要出於經書的。依照先祖都取單字為名的先例，曹頫很快地從《詩經·小雅》的〈信南山〉篇，找到「益之以霢霂，既優既渥，既霑既足」這樣的吟詠喜雨的詩句，唸誦給李老夫人聽。

李老夫人比較再三，最後選定了一個「霑」字。霑就是雨露潤澤之意。就這樣，這孩兒的本名叫「霑」，字「芹圃」。

李老夫人很滿意她的這個長孫命名為「霑兒」，她雖說未必聽懂《詩經》裡什麼「既優既渥，既霑既足」的話，但「霑」字從「雨」從「沾」，這就很為貼切和吉祥，也很合她的心意。

李老夫人覺得，這個名兒還有更深一層的意思，便喜滋滋地教訓兒子說：「咱們曹家，世世代代蒙受皇恩，當朝萬歲爺大力提攜扶持才生生不息，才有了今天。咱們不就仗著霑潤皇恩祖德嗎？這喜訊趕快命人報到宮裡去。萬歲爺要是知曉了，說不定會替咱家多麼高興呢！」

李老夫人的話說得並不誇張，曹家能有顯赫的局面，確是霑潤了皇恩祖德的。於是，「曹霑」這個名字，就有了兩重含義。

錦衣玉食的童年

　　李老夫人指望著這位遺腹而生的乖孫，能夠維繫曹寅一門的命根子，希望他長大後能夠繼續霑潤皇恩、承嗣祖業、報效朝廷和光宗耀祖呢！

　　夏日的天氣，像小孩子的臉一樣多變。合攏上來的烏雲，在電閃雷鳴「劈劈啪啪」下過一陣急雨後，早已漸漸散去了。到太陽快要落山的時候，夕陽的餘暉從雲層縫隙裡透射出來，給曹府鱗次櫛比的屋宇院落，鍍上了一層淺淺的紅中透紫的亮色。

　　人們的心裡也好像敞亮了許多，都指望著這個在大雷雨中降生於世的曹家小少爺，真個有一點什麼吉兆，能像他的祖父曹寅一樣，日後重整基業，光耀門楣，把這曾經赫赫揚揚過了數十年，總是交著華蓋運的大家族，再度中興。

　　天色漸漸暗了下來，新放晴的深藍色的天幕上，已有幾顆星星熠熠閃光。這個曹霑是不是曹家中興的希望之星呢？還是眼看著曹家這個大家族繼續頹敗下去呢？他是不是生於末世運偏消的災星呢？

抓鬮的預示

轉眼一年過去，小霑兒快滿週歲了。像曹府這樣大的官宦人家，孫兒週歲，可算是一樁喜慶大事呢，必定要熱熱鬧鬧操辦的。何況這曹雪芹乃是老織造曹寅、曹顒一脈，遺腹單傳的根苗，日後曹家盛衰，萬貫家資，將全繫在他一人身上，這週歲生日自然應當辦得越隆重越好。

這些大戶人家，也要借這樣那樣的機緣，彼此走動走動，聯絡聯絡，有事也好互相通個吉凶，有個照應。一則親戚嘛，總會是越走越近的；二則收受禮品，也會有一項可觀的收入呢！

康熙五十五年剛一入夏，曹府上下早就忙活開了。為霑兒辦週歲的帖子剛剛發出去，遠親近鄰、各方賓朋都紛紛前來。送賀禮的人絡繹不絕，幾乎要把曹家門檻踏平了。

曹家雖非皇室，卻也有幾門有名望有權勢的親戚。現任蘇州織造李煦，即是曹寅的大舅子，也就是曹雪芹的奶奶李老夫人的親哥哥。這李家同曹家一樣顯赫，甚至有著幾乎一樣的發跡經歷。

李煦的母親文氏，與曹寅的母親孫氏，幾乎同時給小時的玄燁（康熙）做過乳母，兩家後來的聯姻，也就因為有著這一層關係。曹寅之子曹顒死後，就是這位做舅舅的李煦領了皇命，選定曹頫過繼給曹寅做子嗣，繼任江寧織造之職的。

　　現如今妹夫曹寅、外甥曹顒都不在世了，幸喜外甥媳婦馬氏為曹家生下這個遺腹子，正應該來大慶大賀一番。李家早早備下厚禮，派家僕由蘇州送來。到時候李煦也要親自到江寧來向妹妹祝賀的。

　　再說富察氏傅鼐，是曹寅的妹夫。這傅鼐的先祖額色泰，早年跟隨清太宗皇太極出征，馳騁疆場立下過赫赫軍功，蔭及子孫，傅鼐也算當今京中顯赫的家族了。

　　娘家有了這等添人進口的大喜事，姑奶奶自然是很放在心上的。玉墜金鎖乃至大紅綢緞一應禮品，均由傅鼐的妻子曹夫人親自選定。很快，禮單就送到府上，禮品即日也就要送到了。

　　更有平郡王納爾蘇，是曹寅的長婿，也就是曹雪芹的姑父了。這納爾蘇是大貝勒禮烈親王代善的五世孫。代善是清世祖努爾哈赤的第三子，皇太極的哥哥。這可是曹家一門貨真價實的皇親啊！

　　納爾蘇的兒子福彭，比曹雪芹大幾歲，聽說大舅母生了個遺腹子，天天嚷嚷著要去親自見一見名喚「曹霑」的這位來歷不凡的小表弟。

　　曹家的顯貴親戚並不止這一些。再加上慕名來投靠的，藉故來續宗的，官場中的同僚，不遠不近的朋友，還有攀龍附鳳之輩，趨炎附勢之徒，真個是來客如雲。

　　這場生日大戲的主角，自然是抱在馬夫人懷裡那個剛滿週

歲的小嬰兒，也就是曹雪芹。曹雪芹剛學會爬，還不會走路，在媽媽懷裡一躥一躥的，非常活潑可愛。

那麼，這場大戲的中心人物，自然就屬著他的祖母了。曹家的老祖宗李老夫人為孫兒滿週歲生日非常高興。她的興致出奇的好，滿是皺紋的臉頰，像聚著兩朵盛開的菊花。

那些顯貴的親戚、客人，都聚集在她的「萱瑞堂」裡，各自尋找著機會，湊上去向李老夫人賀喜，說一些叫老太太高興的吉祥話。

霑兒本是由他的生母馬氏抱著的，這時，曹頫的妻子王夫人走過去，從馬氏懷裡接過來，馬夫人便自覺退到了眾人後邊。

因為曹頫既然已經過繼給曹寅為子，這霑兒就應叫曹頫爹爹，叫曹頫的妻子王夫人媽媽，對自己的生母馬夫人就只能喊娘了。

夏時天熱，霑兒赤裸光溜溜，只繫著一副繡花紅肚兜，脖子上和兩個小手腕上都戴著閃閃發光的金項圈和手鐲，項圈下端掛著一塊寶玉和一個鎖狀的飾物。據說，寶玉可以避邪，金鎖、銀鎖象徵著長命百歲。

小霑兒一雙水汪汪的眼睛，滴溜溜地東看看、西看看，大約他弄不明白，今天這麼多人都是做什麼的。人們爭著用手指頭在他的小臉蛋上輕輕拂弄一下逗他開心，有的還伸手要抱抱他。他有些怕生，或者厭煩的時候，就會「哇」一聲哭了起來。

舊時有抓鬮的習俗。就是在給孩子過週歲生日的時候，把紙、墨、筆、硯、書卷、字畫，以及居家過日子的各種生活用品、玩具等東西，擺在桌子上，或擺在床上，讓孩子用小手隨便去抓取。

如果伸手先抓取了書籍，便說這孩子將來必有出息，仕途發展就算有希望了。如果抓取了算盤，便預示他長大會經商，雖於仕途無望，但由商致富，也不負家人的一番苦心養育。

最忌諱只去抓吃食、玩具之類的。因為那些東西代表吃喝玩樂，抓那些東西說明孩子將來只知道吃喝玩樂，豈不要於國於家都無望了嗎？這當然是一種帶有迷信色彩的陋習，一個人一生的生活道路，最重要的是受家庭、社會的影響，哪裡會是隨便一「抓」，可以預測終身事業的呢？

今天曹雪芹的週歲慶典，就精心安排有「抓鬮」這項活動。只見「萱瑞堂」的紅漆几案上，擺滿了曹府裡但凡能找得到的各式各色東西。挨著四書、五經、朝笏頂戴，不知是誰還放上了女眷施用的胭脂、水粉，戴的釵簪、耳環，五光十色，琳瑯滿目。李老夫人從兒媳王夫人懷裡接過露兒，先在露兒的小臉蛋上親了親，就扶他趴到几案邊，任憑他一雙胖乎乎的小手去抓取。

這露兒晃著兩個小手，不抓別的，徑直抓起一盒胭脂來，當做糖果往嘴裡放。曹頫在一邊看著，心裡生氣著急，抓胭脂

說明好女色。這可不行，不能讓他抓到。於是曹頫手疾眼快，一手奪下霑兒手裡緊緊抓著的胭脂，一手趕快取過一本經書，往霑兒的手裡塞。

這霑兒偏偏任性，不要什麼沉甸甸的經書，他使勁一推，經書掉到了地下。客人們不禁都哄堂大笑起來。

曹頫見這情狀，心裡有些惱火，便瞪了霑兒一眼，嘴裡輕聲罵道：「不成器的東西！」經這一聲嚇，霑兒又「哇」一聲哭了起來。這一哭，尿也憋不住了，「嘩嘩」地從兩腿間流下來灑在地上，正好澆濕了剛才掉在地上的那本經書上。那是本孔老夫子的《論語》。

曹雪芹的抓鬮經歷和他日後書寫的《紅樓夢》裡賈寶玉的抓鬮經歷極為相似。原來在這位寶二爺身上，我們看到了曹雪芹的影子。

老祖宗李老夫人看見抓鬮出現了那樣尷尬的局面，馬上站出來打圓場。她哄著懷裡的小孫孫霑兒說：「小心肝，小乖乖，不怕，不怕。他爺爺在世時，每到夏天都要晾曬他的藏書。霑兒這是提醒咱們，讓咱們別忘了晾經書呢！我看，這霑兒長大了，一定像他爺爺一樣愛惜書，愛讀書，咱書香門第的曹家又會出一個知書達理的做官人了。」

眾人雖然明明知道，這不過是老夫人在自我解嘲、自我安慰，卻也都隨聲附和說：「不錯，不錯。龍生龍，鳳生鳳，有爺

爺在天之靈的保佑，有奶奶心肝寶貝似的關愛，這孩子將來準是前程遠大之人。」大夥兒心裡明白，這種場合，湊趣總比沒趣要好。

「不哭了，給你這個。」這時，曹頫從懷裡掏出一塊玉。

那塊玉一拿出來，眾人眼前一亮，原來這玉並不是常見的碧玉或白玉，它有紅色、紫色、黃色諸種顏色，五彩斑斕卻又不顯得雜亂無章，各種顏色調和得極其和諧，彷彿從玉的內部滲透出來，寶光流轉，玲瓏剔透。

「你們可別小瞧了這塊玉，」曹頫娓娓說道，「這種玉的玉質晶瑩鮮潔，觸手生溫，行家管它叫『剛卯』。而它更為難得的是，它的彩色不是天生就有的，而是由於入土的年代久遠，受有沁蝕，才呈現彩色。據說，這便是女媧娘娘補天留下的那塊石頭幻化而來。」

「哦？真有這麼回事？那可真難得了！」大家聽得入神，忍不住好奇地拿起玉來在手裡翻來覆去地看，「這上頭怎麼好像還有兩行字似的？」

「不錯，這上面啊，刻著八個篆字，」曹頫笑道，「『莫失莫忘，仙壽恆昌』。」

「這個好！」李老夫人聽曹頫讀了玉上的話，高興地說，「什麼來歷啊年代啊，我都不稀罕，我就稀罕這幾句吉利話兒，保佑霑兒一世安康。」那塊玉剛拿到小曹雪芹眼前，便被他一把

抓住，一邊抽抽搭搭止住了大哭。

「我說霑兒最聰明吧。」李老夫人得意地說，「你們看，他也知道這是最貴重的！」

曹頫開懷大笑，一屋子的人也都跟著笑了起來。就在這時，曹雪芹突然將手中的玉一把塞進了嘴裡。

「唉呀呀，不得了，不得了，霑兒快吐出來，這個可吃不得！」老太太大驚失色，連忙把手伸到曹雪芹的嘴前，「霑兒，快吐！快吐呀！」

「快！快掏出來！」老太太嚇得臉都白了，「你怎麼就不瞧著點呢？」她一個勁兒埋怨抱著霑兒的王夫人。

「是，是。」王夫人急得直冒冷汗，又拍又哄，奈何曹雪芹就是咬緊了牙關不鬆口。這下連曹頫都急起來了，跺腳道：「這可怎麼得了，這是玉啊，吞下去可不是玩的。」想了想又道，「去，拿筷子來，把他的嘴撬開了！」

「老爺，使不得，孩子吃疼會嚥下去的。」馬夫人急道。

「這也不行，那也不行，怎麼辦？」老太太焦急地喊道，「怎麼辦，你們倒是說說到底怎麼辦啊？」

一片鬧哄哄中，唯有一個叫梅兒的丫鬟是鎮靜的，她去廚房端了些蜂蜜水來。曹雪芹還未斷奶，脾胃極易上火，有時梅兒也常拿蜂蜜水餵他，平日他最愛喝的便是這個。梅兒把蜂蜜水放到曹雪芹嘴邊，溫柔哄道：「霑兒，乖，喝蜜水嘍。」

曹雪芹睜大眼睛，瞧了瞧梅兒，又瞧了瞧蜂蜜水，突然張開了嘴，折騰了眾人大半天的寶玉終於從嘴裡吐了出來，「啪」的一聲落到了蜂蜜碗中。

梅兒連忙拾出玉，不想曹雪芹竟望著她手裡的玉，不依不饒地大哭起來。

「這可怎麼辦呢？他還是要玉！」老太君皺眉道。

「老夫人，我有個法子，」梅兒道，「何不將這玉用絲線穿了，掛在胸前？他既可以拿著玩，就算再含在口裡，也吞不下去了！」

「這法子好！快，依樣穿了給他戴上！」

梅兒拿了絲線，將玉穿了起來，系到曹雪芹脖子上。孩子果然不哭了，抓著玉，「咯咯」笑了。

都說《紅樓夢》裡賈寶玉是銜玉而生的，並不是沒有依據，原來曹雪芹小時候就這樣「銜」了一回玉。《紅樓夢》裡賈寶玉的玉，原來就是曹雪芹週歲時得到的最珍貴的生日禮物。

愛好廣泛的少年

　　曹雪芹長到 4 歲，他的四叔曹頫就開始教他認字讀書了。這曹雪芹也真是聰明伶俐，什麼《三字經》、《百家姓》、《千字文》之類的幼童啟蒙讀物，只要他跟著念上兩遍，很快就能學會，一字不漏地琅琅背誦出來。

　　他還特別喜歡念一些古詩，讀的時候故意學著大人們的模樣，拉長聲調，搖晃著小腦袋，非常可愛。

　　有一天，他學會了唐代詩人駱賓王的一首題目叫〈詠鵝〉的詩，只見他神氣活現地伸長著脖子，兩個小手模仿著鵝兒撥水的動作，拉長奶聲奶氣的童音歌唱起來。

　　他那認真而又淘氣的怪模樣，逗得一家人哄堂大笑起來，祖母李氏更是笑得前仰後合，眼眶裡都笑出淚來了。

　　她把這樣一個聰明過人的乖孫子摟在懷裡，左邊臉蛋上親一下，右邊臉蛋上親一下，不住地親啊親，還一個勁誇獎說：「我的嬌孫孫，好乖乖，心肝寶貝兒，長大好好唸書，做大官兒，為咱曹家光宗耀祖！」

　　祖母李氏的這番話，可不是隨便說著玩的。她是過來人，曹家幾十年的宦海沉浮，至今歷歷在目。

　　單說丈夫曹寅在世之日，那赫赫揚揚的氣派，還就像昨天才發生過的事情。每回為康熙皇帝接駕，都要大興土木，修築園林，備置百物器用，「把銀子花得淌海水似的」。

錦衣玉食的童年

　　她當然還記得，康熙三十八年那回南巡，曹家接駕就以織造署為行宮。那時身為曹璽之妻的婆母孫夫人還健在，已經 68 歲。皇帝玄燁見了老保姆孫夫人，十分高興，視為「吾家老人」。

　　因見庭中萱花正盛開著，古人正是以萱為母，於是親筆題寫「萱瑞堂」三個大字為賜，懸掛於內院正廳上，也正是如今她的起居之所。可是，風光是風光了，熱鬧是熱鬧了，千里搭長棚，天底下沒有不散的筵席。歷年為接駕欠下的虧空銀兩，任你拆東牆補西牆，總也補不上了。

　　雖說康熙老皇帝在時，心明如鏡，體恤他曹家的為難處，也曾採取過減免稅銀，或以鹽稅代補等項辦法加以寬解，可惜是杯水車薪，管不了多大的事。再加上曹府上下講排場慣了，揮霍無度，結果是舊帳未了，又添新帳，就像江河決了堤一般，堵也堵不住。

　　老夫人心裡明白，現今的曹家，外面的架子雖還沒有倒，內府裡可是一日比一日地經濟上吃緊。加上曹家人丁不旺，丈夫曹寅、兒子曹顒相繼故去，曹家成了一座將傾未傾的大廈，一直讓人懸心。

　　不過，正如俗話所說，「船破還有三千釘」呢！何況，托老皇上洪福，曹顒去世後，康熙特諭關照，讓姪兒曹頫過繼過來，繼任江寧織造之職，極力支撐著曹家這座華美的大廈。

如今好了，有了小曹雪芹，又如此聰明，重振曹家雄風有了指望了。

　　事實上曹雪芹的幼年和少年時代，依然是赫赫有名的江寧織造署的小少爺，過的依舊是錦衣玉食的貴公子生活。這樣的大家庭，正像《紅樓夢》裡描寫的賈府一樣，食則飫甘饜美，衣則錦衣紈綺。

　　小曹雪芹也就像幼小時候的賈寶玉，一群丫鬟、小廝圍著他，服侍他，飯來張口，衣來伸手，所謂生活在富貴溫柔之鄉，那是一點也不假的。

　　祖母李氏對他的過分寵愛更不用說了，真是捧在手裡怕掉了，含在嘴裡怕化了，還總張口閉口叫他「小祖宗」。祖母的這種溺愛，就像在他頭上高高地張開了一頂無形的保護傘，曹雪芹自小就得到府內最高權力人的關愛，讓他從小就頑皮淘氣。這對他日後的成長和個性發展，產生了相當大的影響。

　　曹雪芹長到七八歲的時候，家裡要為他正式設館讀書了。封建時代，「讀書」兩字是有特殊含義的，指的是必須讀官方指定的教科書「四書」和「五經」。「四書」包括《論語》、《孟子》、《大學》、《中庸》，「五經」包括《詩經》、《書經》、《易經》、《禮記》、《春秋》。讀書的目的很明確——「學而優則仕」，也就是讀書是為了做官。

　　「四書五經」被尊為古聖先賢的經典，裡面講的封建階級

「治國平天下」的深奧道理，哪裡是七八歲的孩童能夠懂得和接受的呢？

對於小孩子來說，讀這些書無異於讀天書，真是活受罪。什麼「子曰」呀，「詩云」呀，「孟子見梁惠王」呀，讀得暈頭暈腦，也弄不明白說的是什麼東西。

多虧這曹雪芹的記憶力特別強，儘管書裡那些「之乎者也」唸起來怪拗口的，一點不能理解，他還是照著老師的要求都背下來了，雖然從內心裡，他對這些枯燥乏味的玩意兒厭煩透了。

更令曹雪芹叫苦的是，稍長了兩歲，塾師又要交代他學做文章了。古時候的做文章，可不像現在的學生寫作文，可以隨便寫自己的所見所感，而是必須寫八股文，又叫做制藝。

更要命的是作文題目都得出自「四書」裡的語句，只能就這題目去揣摩古人的意思，這叫做代聖賢立言。

一句話，寫八股文就是為了控制青少年的思想，逼著你脫離現實生活，脫離實際，弄得你腦子僵化，好成為服服貼貼地為封建君主制度服務的工具。

少年曹雪芹恨透了這一套。他身在書塾，心卻嚮往著窗外的藍天，嚮往著生機勃勃的大自然和豐富多彩的市井社會生活。

儘管那些功課並不能難倒他，每次背書也好，對課也好，他都能應答如流，文章也寫得頗受老師稱頌，而從他的內心裡，對這些陳詞濫調真是厭惡透了，他痛罵那些一心只讀聖賢

書以求取功名的人是祿蠹。在厭惡讀聖人書這一點上，曹雪芹和賈寶玉如出一轍。

那麼，他嚮往的天地在哪裡呢？第一是他家的西園，那是他的樂園。園林裡綠樹繁蔭，鳥翔蟲鳴，有他的無限樂趣。第二是爺爺的大書房。

曹寅一生愛讀書，愛買書，他藏書之富在江南也是有名的。今存《楝亭書目》載藏書 3,000 餘種，在萬卷以上。曹寅在世之日，曾在揚州天寧寺設立書局，選擇家藏的宋元珍本，邀請一大批學者進行校刊，刻印了《楝亭五種》、《楝亭十二種》等古籍，又替玄燁主持編刊《全唐詩》、《佩文韻府》，一時稱為盛事。

如今，大書庫裡還藏著爺爺在世時刻意搜求的成千上萬卷各種各樣的珍版圖書。曹雪芹厭倦於在書塾裡讀枯燥乏味的聖賢書，卻十分神往爺爺大書庫裡那些前人的詩集、文集，美妙的詞曲歌賦，動人的戲劇小說。

有時候放學，有時候甚至是故意逃學，一有空，他就一個人偷偷鑽到書庫裡躲起來，什麼屈原、莊子、嵇康、阮籍，往往一讀就是一天。

有時候，他悄悄地從書庫把自己心愛的書拿出來，到西園找個幽靜的地方，一邊讀，一邊還和書裡面的人物說話，讀書入了迷，連吃飯都會忘記掉。

錦衣玉食的童年

有一回，他從藏書的大楠木格櫥裡，偷偷拿出一部著名劇作家湯顯祖撰寫的《牡丹亭》，躲到假山背後如饑似渴地讀起來。讀到動情的地方，他好像變成了劇中人物，時而唉聲長嘆，時而引吭高歌。

讀到《遊園驚夢》一段，他深深為杜麗娘和柳夢梅純潔高尚的愛情感動了。讀到杜麗娘「感夢而亡」時，他竟禁不住失聲哭了起來。可巧，正當這時候，他的叔父曹頫正由西園經過，聽到傳來哭聲甚是奇異，便命人四下找尋。

終於發現，原來是自己的姪兒曹雪芹，在這裡閱讀閒書著了魔，發起呆來。

見這般情狀，曹頫真是怒從心頭起，惡向膽邊生，不由分說，叫家人拉回廳內就是一頓痛打，大罵曹雪芹是「不成器的東西」、「賤胎」！直至驚動了老祖宗，祖母李氏趕來，曹雪芹才算得了救。

小曹雪芹投在奶奶的懷抱裡，只覺得委屈極了，他心裡想說：「爺爺的藏書，我讀了有什麼錯呢？」

說到曹寅的藏書，那確乎是曹家的一大驕傲呢！曹寅少時也非常聰慧好學，還曾進宮做過幼年時的康熙皇上玄燁的伴讀。康熙喜歡唐人的文章詩歌，曹寅隨主子所好，自小對唐詩就背得滾瓜爛熟，能與主子應答自如，深得主子讚賞和歡心。

曹寅還是一位戲劇愛好者和熱心提倡者。他不僅自己千方

百計收集天下話本小說、曲詞傳奇，還與當時的著名劇作家洪昇非常要好。他聽說，洪昇的《長生殿》在京城演出時，因為觸了皇室的禁忌，引起麻煩，曹寅卻並不因此冷落朋友。

後來洪昇來到江寧，曹寅遍請當地名流，大開盛會，為他接風洗塵，一連三天三夜，演完了全本《長生殿》。看戲時，他和洪昇接席而坐，對戲文逐字逐句地進行斟酌評賞。這在文壇上，一時曾傳為佳話。

這些盛事，曹雪芹當然都不曾趕上。然而，他聽長輩們不止一次地談起過這件事，因為這實在是曹家歷史上的驕傲。

爺爺的藏書完整地留了下來，如今就擺放在那裡，插架萬籤，琳瑯四壁，怎不令他心嚮往之？毫無疑問，這些書籍為豐富曹雪芹的文學知識，提高文化修養，肯定造成了相當大的正向作用。如果曹雪芹不是讀了這些所謂的閒書，他就寫不出讓人肝腸寸斷的〈葬花詞〉。

他像爺爺一樣，也非常喜歡唐代詩人的詩。他喜歡初唐四傑王勃、楊炯、盧照齡、駱賓王，以及陳子昂的敢於打破沉悶空氣、縱情呼叫；他喜歡盛唐詩人如李白、杜甫的博大的胸襟、宏大的氣魄；他喜歡中唐詩人李商隱、李賀的辭章瑰麗和富有奇氣；他喜歡晚唐詩人聶夷中、杜荀鶴乃至李紳、羅隱的傷時憫農，感慨民生疾苦的一片真情。

這中間，他最喜歡的是有「詩鬼」之稱的李賀的詩。他後

錦衣玉食的童年

來寫詩學李賀而不受李賀的約束，被他的朋友們稱賞為「詩追昌谷破樊籬」，足見所受影響之深。

這樣，《全唐詩》和爺爺的《棟亭詩鈔》，幾乎成了他每日必讀的教科書。他覺得讀這些詩人用真情寫的詩歌，比起讀那些枯燥僵化的「四書五經」來，不知要好上多少倍。

除了讀書，少年曹雪芹的另一樂趣要算是出外郊遊了。他必定不止一次地去過屬於江寧織造衙署管轄的繅絲工場、織錦工場。他對於蠶繭是怎麼樣在工人們的手裡，一道工序一道工序地變成為閃閃的錦緞，十分好奇，也感到非常有趣。

他晚年之所以能在他所編撰的《廢藝齋集稿》裡，立出專章，把編織和織補諸項技藝敘寫得那麼準確精當，恐怕就跟他少年時期在織錦工場用心觀察過分不開。

繅絲、織錦工人勞動的沉重，生活的艱辛，他必定也是親眼目睹了的。這為他在《全唐詩》裡讀到過的「昨日入城市，歸來淚滿巾。遍身羅綺者，不是養蠶人」一類的憫農詩，恰恰提供了現實證據。他真正切身感受到貧富的懸殊、社會的不公，是在被抄家播遷以後的事。

隨祖母家人到蘇州、揚州一帶地方去串親訪友，是少年曹雪芹又一樂事。老祖母李氏的胞弟李煦，任蘇州織造幾年，幾乎與世襲江寧織造的曹家有著同樣的富貴榮耀。

蘇州在當時是江南的一個戲曲演出中心，李府就有很出名的家養崑曲戲班。曹雪芹來到舅爺爺家做客，不像在家時受到

叔父那麼嚴厲的管束，他可以陪祖母一道看戲，並且有機會結識了戲班裡他喜歡的戲子。

《紅樓夢》裡寫了芳官、琪官這些演藝伶人，就跟他早年在蘇州與一些演員的交流有很大的關係。他認為這些戲子比看戲的爺兒們要高尚些，他愛他們，尊敬他們。

他還跟這些演員學過戲，扮相很不錯。而演出成功的結果，必然是要遭受叔父又一次痛打。叔父罵他不守「禮法」，「不走正道」，認定他將來必是個「天下無能第一，古今不肖無雙」，於國於家無望之人。

蘇州還是個天下獨秀的去處，蘇州的園林建築藝術，稱得上是中國園林的一個櫥窗。俗話說，「上有天堂，下有蘇杭」，這一點不過譽。著名的拙政園、獅子林，還有瀰漫著神話色彩的虎丘，以及鐘聲悠悠的寒山寺，均是令人神往的去處。

曹雪芹每回來蘇州，總忘不了要到這些地方去遊玩一番的。瘦、皺、透、露的天然美與巧奪天工的人工美，渾然融為一體，使他得到比讀詩詞歌賦更為怡情悅性的建築藝術的陶冶。《紅樓夢》裡，大觀園的布局構思與景物渲染，就很有一些蘇州園林的影子呢！

只可惜這樣的生活時間並不長，在他 13 歲那一年，即雍正五年，因驟然發生的一場抄家橫禍，一夜之間，這富貴安樂的生活都夢一般結束了。

為讀閒書而失蹤

　　愛讀閒書的曹雪芹有時到了忘我的狀態，以至於失蹤了一次。這可讓曹家上上下下著實著急了一回。

　　有一天，那位曹家太夫人忽然心血來潮，想喚愛孫霑兒過來陪她說說話。丫鬟中有兩位名叫明珠和雙燕的趕快答應著，分頭出門去找。

　　等了大約有半個時辰，還沒見小寶貝進來問安，這太夫人就有點急了，不禁大聲問道：「霑兒呢，怎麼還不帶他進來？」

　　正好雙燕找了一圈回來，沒找著。她臉煞白的，還不敢說實話，只是回稟道：「正派人去找，請老祖宗稍等。」

　　一下明珠也回來了，也同樣是臉煞白煞白的，小聲回稟大夫人道：「已經派人去叫了，一下就會過來的。正好金鳳也不在，說不定是金鳳帶他去外面玩去啦！」

　　這裡說的金鳳，是府上專門安排來侍候曹雪芹的一個小丫鬟。這太夫人一聽就來氣，怒聲道：「這，這金鳳把霑兒帶到哪玩去啦？怎麼半天都找不著？快！快去把他們找回來！」

　　實際上金鳳倒是在的，她也正為找不著霑兒著急哪！三人見面一嘀咕，金鳳告訴雙燕和明珠說，她一早兒就開始侍候著霑兒，一步都沒離開過。後來霑兒提出要自己獨自去找一幅什麼畫，這才離開了一下，誰知就這麼一眨眼的工夫，他就不見了！

　　霑兒上哪去了呢？金鳳找了畫樓，又找了書庫，就是不見這位小祖宗的身影。這還能再上哪去找呢？於是金鳳就找了另一位丫鬟茶花，想讓她和自己一起去找。

　　那茶花嘴快，一聽說霑兒丟了，就跟金鳳說：「哼，外面早就傳說那霑兒可不好侍候，要不依著他，他就給你一蹦三尺高，屁股上像著了火似的。還說他小小年紀，卻從不愛讀個正經書，專愛看雜七雜八的野書，還愛在漂亮丫頭堆裡混……」

　　金鳳一聽這話就生了氣，說：「你都胡說八道些什麼啊！外面說這些話的人，肯定都是些壞坯子，你都信啊？人家急在火裡，你卻閒在水裡，還不閉上你的臭嘴，趕快幫我去找人！」

　　茶花說：「好了，我也不跟你扯這些閒話了，妳就告訴我上哪能找到他吧！」

　　金鳳說：「這邊沒有，他說不定會跑到西邊的花園裡去了。那個地方那麼大，我一個人可不敢去。」

　　茶花說：「行，那我就陪妳走一趟。」

　　這個西園，就是曹雪芹爺爺曹寅苦心經營了 30 年的花園，裡邊亭臺樓閣，水樹山石，布置得曲徑通幽，極其複雜，一般人進去，弄不好就會迷路。當時金鳳執意要拉茶花一起去找就是因為這個。

　　她倆首先來到的地方是一處驛宮。驛宮也就是當年康熙皇帝南巡，他們曹家接駕，將皇帝接到金陵時皇帝下榻的行宮。她倆一進到那裡面，幾乎就分不清東南西北。

金鳳想想前邊的朝房、執事房露兒是不會去的，於是就從西角門進入，走過戲臺、長廊、萬春樓、紅蓮殿，一邊走一邊喊：「露兒！露兒！」然而除了回聲，哪有他的身影！

後來兩人又爬上一個高臺，走到一座大殿門前，只見那門上掛著兩把足有五六寸長的大銅鎖。從窗櫺裡望進去，裡面有團龍黃墊，還有鸞扇交叉擺放，一切都像是戲臺上皇上登臨寶座時的模樣。

那茶花是和戲班的 10 多個蘇州女孩一起進曹家的，戲團隊演皇帝上殿朝見文武百官的戲文時，就常常擺這樣的陣式，所以她一看就知道這肯定是皇帝的行宮了，因此很想瞧個仔細。但金鳳心急火燎的，拉起她就走。

茶花說：「再讓我看看嘛，這裡面那麼多寶貝，卻像是從來沒人住過的樣子。」

金鳳喝斥道：「還不小點兒聲！你知道這是什麼地方嗎？這是當年萬歲爺到咱曹家時起坐的地方呀，別人是任誰也不許進去的，還不快走！」

這一說，就將茶花嚇住了，於是她倆又沿著石級往下走。東彎西拐的，忽然來到一個池邊，只見池壁上嵌有一個用大石塊鑿成的龍頭。那龍頭的嘴巴裡含著一個圓圓的大石球，有一股泉水從那喉嚨裡噴出，推著石球滴溜翻滾。之後，那泉水才又倒掛下來，恰恰形成一道瀑布，煞是好看，引得茶花又不想走了，只想在水池邊漢白玉欄杆旁的石椅上坐下歇息。

　　金鳳著急，將她一把拉起，繼續往前尋找。這回是穿過竹林，來到一個湖邊。那湖水碧藍，平靜如鏡，所以這個地方名叫「鏡中游」。湖上有九曲朱欄板橋，橋頭又有一座八角亭，經過這亭便到了釣魚臺。見有一個老者守著，便上前打問：「大爺啊，可曾見過蕗兒來這邊？」

　　老漢說：「沒見呢！怎麼你倆把蕗兒看丟啦？這可是要命的事啊！」

　　金鳳答道：「就是。老祖宗正找他說話兒哪，您看急人不急人！」

　　這時正好大廚房裡有個小工來老漢這裡領魚，聽見了便接荏說：「急什麼呀，這不都快吃中飯了嗎？蕗兒肚子一餓，也就自己回去了。快回去看看吧，說不定就已經坐在屋裡吃飯了。」

　　金鳳苦笑著回答道：「唉，你可不知道我們那位小祖宗，他呀，一看書就入迷。什麼書要是讓他看進去了，就能不挪窩地一直讀下去，哪會曉得肚子餓要吃飯呢！」

　　一席話說得那老漢和小工嘖嘖稱奇，連說：「嘖嘖，真是奇人奇事，看書還能當飯吃！」

　　金鳳的這一段話，可真是說中曹雪芹的要害了。他是真正喜歡讀那些他爺爺蒐羅收藏起來的野史和小說啊！這就有點像他後來所寫的賈寶玉，放著正經的四書五經不讀，卻偏愛去讀那《西廂記》一樣。

著名紅學家周汝昌先生也說過：

曹雪芹自己選擇的道路不是功名的道路，也不是雜學的道路。他所選定的是雜作的道路，甚至是比雜作還低級得多的為人所不齒的道路 —— 寫作小說。

當然，這些又還都是後話。現在的關鍵是這個小祖宗究竟躲在哪個角落裡讀書，讀的又都是些什麼書？

離開釣魚臺之後，金鳳和茶花又到了塔影樓，還是沒人。然後她們又去假山洞裡找。那洞深而且長，裡面彎彎曲曲，黑漆漆的。難道霑兒能貓在這裡讀書？她倆半信不信的，只得扯開喉嚨叫喊：「霑兒！霑兒！」

只聽那洞內的回聲也像是曲裡拐彎的既深又長，卻不曾聽見霑兒的回答。又接著往前摸索著走了好一下，漸漸看見天光，這才知道終於走出山洞了。那麼，這霑兒究竟到哪裡去了呢？難道會自己出了園子去看望哪個奶媽了嗎？

霑兒幼年時有 4 個奶媽，有一個還留在府中，其中的兩個因為太夫人已經為她們的丈夫捐了功名，有了家產，所以也就回家當太太去了。

但她們仍記著霑兒，凡月頭月尾，逢年過節，總是要回府裡來看他的，並且一來就會將他摟在懷裡問長問短。

那第四個奶媽更年輕一些。她是因為有病才被勸退回家的，所以平時也不敢再進曹府，更不敢來看霑兒這個寶貝，生

怕將病傳染了，擔當不起，因此就只能經常讓家人進府來探望探望。

倒是那蕗兒自小聰明懂事，一直記掛著她，也說過想出府門去看望她的話。難道他真的會自作主張跑出府去看望她？

想到這裡，金鳳便決定不再尋找，抱著一點僥倖心理，直接回老祖宗那邊覆命去了。待她三步並作兩步地趕到上房，一見屋子裡的幾個丫鬟個個臉色慌張，便知道另外幾路人馬也沒找到蕗兒，於是就只能硬著頭皮來到太夫人面前，「撲通」一聲跪倒，只是哭，說不出話。

太夫人果然生氣斥責道：「我又沒打你，你哭什麼？還不從頭說說蕗兒是怎麼被你看丟的，也好讓她們幫你一起找啊！」

金鳳聽太夫人這樣說話，知道她還沒怎麼生氣，於是就收住眼淚，從頭道來：「蕗兒早起就到射圃去射箭練武，回來時一身的汗。奴才想侍候他換衣服，他卻急著說要去找一幅什麼畫，預備過年時好掛。還說就這一身練功服行動俐落，找起畫來也方便。

「奴才想想也是，就由著他到『百宋千元一廛樓』去找畫去了。趁這個工夫，奴才就到小膳房去吩咐準備中飯。另外又七七八八辦了幾件事，回屋一看蕗兒尚未回來，我就趕到『百宋千元一廛樓』去找他，誰知聽那邊管事的老伯說：『蕗兒早走啦！』

「我問：『他拿畫了嗎？』」

「老伯說：『沒拿啊！』」

「於是我又往畫庫去找，心想說不定他看迷眼了，還沒找著呢！誰知到畫庫一看，那邊看庫房的回說根本就沒見他來過。這一說奴才就有點急了，拉了茶花到西園驛宮那邊找了一圈，還是不見。就一下工夫，露兒會去哪呢？備不住跑到城裡去奶媽家玩啦？這事都怪奴才大意，不該放他一個人去找什麼畫，請老祖宗重重發落吧！」說罷又「嚶嚶」哭泣不止。

太夫人聽了半天，雖然心裡有氣，但也知道現在不是責罰的時候，還是先找人要緊。於是吩咐府裡的總管，組織上下人等，各處去找，一時間弄得闔府不寧，各種主意紛紛出籠：有說要出賞重賞找著露兒的，也有說要去求籤、測字、問卦的。

反正各種辦法都提了出來，個個出謀劃策，要找到那曹家的命根子。然而，府裡也有這麼一人，他倒是並不為此而著慌。這人是誰呢？說來話長。

前面我們說過，曹家世代都是文人，尤其是曹雪芹的爺爺曹寅，愛書如命，自己出版詩詞集不算，還整理刻印各種有價值的圖書，這就有點像當今辦出版社和印刷廠了。

另外，他在花巨資收集各種珍本善本書籍的同時，對於他的特殊愛好 —— 野史、小說，也同樣出資購置。因此園內除亭臺樓閣外，畫庫、書庫自然也不能少，並且一個個都很成規模。

　　據確切的資料記載，他家的藏書，光是精品，便達 3,287 種之多。有了書庫便要有管書庫的人。南方潮濕，尤其是黃梅時節，陰雨連綿，那潮氣會順著地面直爬升到桌面。

　　書庫裡的書當然更是怕潮，所以梅雨季過後，曬書、晾書的工作就已經夠那些管理者忙一陣的了。

　　書破了要補，這補書可是門技術，得細工慢做，所以又有一大批這方面的能工巧匠裱花、補書。這些人在一起便要有人管理，因此整個書庫有一個德高望重、學問也大的大總管。前面所說全府上下只有一個不慌的人，指的便是他了。

　　再說大總管為何不慌呢？因為他心裡有底：這翯兒肯定又是躲到小書庫的暖閣那塊兒去偷看閒書去啦！他這麼想著，便行動起來。

　　當然，年紀大行動不便，做什麼事都是慢悠悠。他先慢慢地將那水煙袋放下，咳嗽幾聲掃掃喉嚨，再「咕嚕咕嚕」喝幾口茶水，這才站起來，活動活動腿腳，然後拉起衣襟，提起掛在褲腰帶上的那一大把鑰匙，朝小書庫走去。

　　老房子暗暗的，他拿鑰匙開門就開了半天。按說這小書庫鎖著門，翯兒又是如何進去的呢？

　　這書庫是最怕有老鼠的。老鼠不僅啃吃書背上的糨糊，而且還會將書頁嚼碎了用來鋪「床」養小老鼠，所以就要養幾隻貓，並要在板壁上開個小方窗子，放貓出入。

錦衣玉食的童年

這個窗子，除了貓知道，書庫的大總管知道，再有就是霑兒知道了。霑兒從這扇小窗子裡爬進去，到小書庫偷看他爺爺藏著的野史小說是常事。

那大總管進得門來，先慢慢地習慣了那小書庫裡面的黑暗，又吭吭咳嗽兩聲，像是給自己壯膽，又像是在通知裡面躲著的人：「哈哈，我來了！」

但等了半天，還是沒有動靜，他就在心裡嘆道：「唉，這小傢伙，準是看書又著迷了，我這麼大聲地發信號給他他都沒聽見。」邊想著，邊又往裡走，直走到暖閣，看到繡墩安靜地擺著並沒有人。

以前，就在這個繡墩上，霑兒坐著偷看小說，有好幾次被他逮著。每回霑兒總是央告：「可千萬不許告訴別人啊！」

他從心眼兒裡喜歡曹家的這個聰明的獨苗，也很高興他能躲到自己掌管的小書庫裡來偷偷地看書，並且在心裡感嘆：「多像當年他爺爺啊！」所以他是不會將這個祕密告訴別人的。

然而，這回卻不見霑兒。那麼，他究竟在哪呢？正在大總管納悶的工夫，他的眼前忽然一亮：咦，這帷幔那兒，怎麼露出一角錦袍？

再仔細一聽，還有「呼嚕嚕」的鼾聲從裡面傳出來呢！大總管不禁喜上眉梢，一撩那帷幔，果然見那霑兒將頭埋在翻開的一冊書上，正就著從板壁縫裡漏進來的陽光，聚精會神地看呢！倒是他身旁睡著的一隻老貓，在打著呼嚕。

　　大總管哭笑不得，說一聲：「你倒好，外面找得翻天覆地，你卻坐在這裡看書。來，讓我看看，究竟是什麼書將你迷成這樣？」

　　他彎腰拿起書本來一看，就是那「看到老也不成器」的長篇小說《西遊記》！

錦衣玉食的童年

捲入宮廷政治鬥爭

福兮禍所伏，禍兮福所倚。是福不是禍，是禍躲不過。

—— 曹雪芹

家族面臨的困境

在中國歷史上，康熙皇帝是清朝最好的皇帝之一。他在位期間，施行了一些利於百姓休養生息的政策措施，對內統一全中國，對外反擊侵略者，讓老百姓過了足足 60 年的太平日子。

那年康熙出外打豬，騎馬行走在北京西郊的野地裡，因為年紀大，身體差，再讓冷風一吹，便又得了重感冒，中醫叫外感風寒，當夜發起燒來。同行的上上下下都嚇得不行，趕快降旨駕返暢春園。

這一病不打緊，皇帝自己的感覺是「這回病勢來得比去年還猛」，不僅連日粒米未進，就是內服的藥物也盡皆吐出……

一個病人連藥都吃不進了，還有個好嗎？所以他預感這回怕是真的不行了，想急召在西北邊境率兵打仗的威遠大將軍，這位將軍就是那位十四皇子。讓他火速回京的目的是，授予遺詔。

關於雍正皇帝即位之謎，歷史上眾說紛紜，沒有定論。有人說：康熙考察來考察去，還是覺得讓這位十四皇子接班，才能使自己真正放心。但是來不及了，皇四子胤禛仗著其舅舅隆科多的陰謀最終謀害了老皇帝，登上寶座，自說自話地下詔，讓自己成了「雍正皇帝」。

京城裡康熙老皇帝剛一駕崩，江寧這邊便得著消息了。這一天，曹府裡的太夫人剛剛睡醒午覺，她的精神也是特別的

好，特意將小輩們都叫了來與她歡聚一堂。

　　老老少少聊得正歡呢，卻見一丫鬟進來在老夫人耳邊只悄悄地說了幾句話，便見那老太太的臉色立時大變了。

　　她揮手叫眾人退下，又吩咐丫鬟道：「去，叫管家好好接待這位京城的來客，給他大把銀子，備上等酒菜。」

　　又過了一下，丫鬟便引著管家來見老夫人。只見那管家也不說話，只是從袖筒裡取出一樣東西，那是一把精緻的匕首，一看便知是皇家使用，請老夫人過目。

　　老夫人看看那東西，又看看管家，仍然不明所以。那管家這才開口說話：「稟老祖宗：萬歲爺升天了！」說完伏在地上，眼淚長流不止。

　　老夫人一聽，也連忙朝北跪下了。半天，才又讓管家扶起她，坐到椅子上。

　　坐定後，見那管家舉起右手，伸開拇指和食指比了個「八」字形狀，說：「這東西是八阿哥派人送來的。宮裡還沒對外發布消息，八阿哥派了親信，換馬不換人，直接將這件東西送到了府上，說是只要咱們見了這東西，便什麼都會明白。」

　　老太太看了他的手勢，就早已明白是怎麼回事了，連忙吩咐他說：「快去找老爺來！對外什麼都別說，一點也不能走漏風聲，明白了嗎？」

　　管家答了聲是，便出門去了。一下曹頫進屋，先向老夫人請安，然後垂手站立一旁，聽憑吩咐。那老太太像是驚魂未

定，先說了事情經過，接下去又指了指那從京城捎來的不祥之物，讓曹頫來破解這個謎團。

曹頫一聽，也頓然大驚失色，先是朝北跪了，行過大禮，這才起身拿過那把匕首來看。

誰知不看猶可，一看這匕首，曹頫更是驚恐萬分。他低聲回稟道：「母親，這事可不得了了，這匕首我認得！」

老夫人急問：「你說，這是誰的身邊之物？特意捎到這邊來又是何意？」

曹頫也舉起右手，伸出拇指和食指比了個「八」字，說：「這，這東西是……八阿哥的，我原先見過。他是借這個東西來向我們報告壞消息的，那上面的 4 粒金豆子，原先是沒有的，現在鑲上這個，是告訴我們如今這大清的刀把子，已經落到四阿哥的手中啦！」

老夫人一聽，連聲說：「怎麼會這樣？怎麼會這樣？」內心的波瀾，更是迭起。因為也只有她才知道這一變故將會給他們曹家帶來什麼樣的厄運了。

想想也是：他們曹家之所以有如今這樣的門面，是和康熙老皇帝一如既往的眷顧分不開的。

他們心裡清楚得很，只要康熙皇帝穩坐在金鑾殿，他們曹家也能穩坐在金陵這府署衙院內，但如果康熙老皇帝這棵大樹倒下，他們也就會「樹倒猢猻散」，很難再安享這富貴與榮華了。

為什麼呢？外人可能不知，老夫人內心可是清楚得很。康

熙皇帝對他們曹家不錯是一個方面；另一方面，這位老皇帝在位時，6次南巡所埋下的一些禍根，也將面臨被連根挖起的危險了！

康熙老皇帝的確是不錯的，文治武功，做過不少好事，但他包庇親信，縱容貪汙，也著實給官場造成了許多不好的風氣。康熙在位時期，以視察治水為由，足足搞了6次南巡。6次南巡花費巨資，讓接駕的官員苦不堪言。

康熙多次出巡都有嚴格規定：「凡需用之物，皆自內府儲備，秋毫不取之民間。」而事實上，每次負責接駕的大小官員，無不誠惶誠恐，往往不惜財力，互相比賽，競鬥奢華。

前面說過，康熙皇帝南巡，主要的接待工作，全是由江南織造來擔當的。那可真正是花銀子如流水呀！就像後來曹雪芹寫《紅樓夢》，總愛用「銀錢濫用如泥沙」、「銀子成了土泥」。

「把銀子花得淌海水似的」那樣的話，其實說的就是他們家每次接駕時的情形！

據記載，曹雪芹的爺爺曹寅，還有曹寅的內兄李煦，在南京、揚州、蘇州三地每處共同接駕4次，實際就等於接了12次的駕，因此這兩家姻親，在花公款方面，真的是陷入了巨額的虧空之中。

康熙皇帝當然知道這些銀子都是為他而花，所以他可以直接出面替曹、李兩家打掩護，竭力充當他們的保護傘。那麼，如果康熙一死，他們兩家又該怎麼辦？這就是上面所說的禍根。

　　如今，這一天還真的來了。這也不由得他們曹家一聽消息便大驚失色，因為在這之前，他們也已經經歷過種種風險。

　　康熙五十三年，噶禮參奏：曹寅、李煦虧欠課銀300萬兩，要嚴加查辦！但那時候老皇帝還健在呀，他愣是將他們兩家「罩」著，說：查過啦，虧空不到300萬兩，是180萬兩，年內補齊算了。

　　曹寅去世後，又是康熙關照，讓曹頫襲了江寧織造的職。別人不服，但不敢公開反對皇命，卻想了個歪招，由大學士松柱奏請皇上，說索性讓曹頫兼營鹽差。

　　這一提議表面上像是在附和皇上，將兩個肥缺都給了曹家了嘛！實際上呢，是想讓他們曹家的虧空越來越大，以便將來一併參奏，重重處罰……

　　類似的風波，一起接著一起，都虧得皇帝「聖旨」，沒有準奏。其實康熙心裡有數，銀子都是為他南巡花的，所搞的排場讓他掙足了皇上的臉面，他們曹家只不過是一隻揚銀子的簸箕，一個過路財神，治什麼罪呢！

　　如今，新皇上登基了，雍正帝即位後發現父親沒有給他剩下多少遺產。大清的國庫空虛，急於要補充資金。要是不查抄幾個貪官汙吏，皇上的日子也不好過了。雍正當然不會認這筆舊帳。最嚴重的問題是他們曹、李兩家一直是雍正的政敵，是八王爺的擁護者。雍正即位豈有不先拿他們開刀的道理。曹家

現在已經是走到懸崖邊上了，今後這日子又將怎麼過？種種難題，也的確夠讓老太太和曹頫發愁的了！

奢侈引發的災禍

中國古代哲學家老子說過這樣的話：「禍兮，福之所倚；福兮，禍之所伏。」意思是說，世間一切事物無不具有兩重性，都在不斷地向它的對立面轉化。

這話在一定前提條件下，確實具有真理的性質。曹家的由繁盛到衰敗，或者正是「福兮禍伏」規律的應驗。朝廷查辦了李家、孫家以後，對曹家並沒有大動作。年羹堯遠征西藏，平定青海勝利凱旋，皇上忙著對愛將進行嘉獎，似乎也無暇顧及曹家，一切似乎暫時是平靜的。

然而曹頫為年羹堯凱旋之事上賀表，恭賀萬歲爺統治有方，大清朝四海一心，滿以為會得到讚許，不想雍正竟回了一條「此篇奏表，文擬甚有趣，簡而備，誠而切，是個大通家作的」，貌似輕鬆玩笑的話，卻刺得曹頫渾身一顫，從此緊皺的眉頭再不曾舒開。

後來又為曹家代售宮中人蔘一事，雍正更是大發雷霆，不僅派人責問他價目不合，更兼在奏摺上親自硃筆紅批：「人蔘在南市售賣，價錢為何如此賤！著問內務府主管！」如果說上次的譏諷還不過是話中有話，這次的叱責卻是連一點情面都不

留，十分嚴酷冷峻。曹頫只覺得心都涼了半截，心裡早有的那些不祥預感愈發清晰。

曹家素來與廢太子胤礽關係密切，正堂上的楹聯「樓中飲興因明月，江上詩情為晚霞」也是胤礽所題。哪怕後來胤礽被二度廢立，曹家也一直認為康熙終究有一天會放他出來。

除了胤礽，曹李兩家與八皇子廉親王允禩，十四皇子多羅恂勒郡王胤禵也是頗有交情。十四皇子還曾私下托李煦在江南打造金獅子兩尊，放在曹家的家廟萬壽庵裡。

曹李兩家與皇子套交情，自然存了私心在裡面。一朝天子一朝臣，誰也不希望新皇帝一上任便懲治自己，於是選了康熙朝最得寵的皇子拉攏，可任誰也未想到，最終做了皇帝的卻是不得寵也不被看好的四阿哥。這是位識見風度與康熙大相逕庭的冷面王爺。雖說他繼位不久，便有流言傳出，說他弒父矯詔，然而不管怎麼說，大清朝的龍庭就是他坐了。

曹頫知道，雍正對他的苛責不過是借題發揮，如今他不管怎麼都是錯，不做是錯，做了還是錯，而一切錯誤的根源，是因為他們站錯了邊。如今在這位皇帝心裡，他們曹家和李家，就是曾經阻礙過他繼承大統的人。他們協助他的兄弟，卻偏偏忽略和藐視了他，現在他繼了位，他不會再放過曹家和李家。

想到這，曹頫謝罪的奏本便再也寫不下去，他的心裡一陣陣痛起來，蘸滿墨汁的毛筆提得久了，一滴墨「啪」地落下，

在白紙上洇開一片烏黑。曹頫怔怔地想，也許一切都是逃不過的命。

曹雪芹出生得晚，雖沒有趕上那樣風光的年月，他是會聽過長輩們不止一次地誇說過的。而由此結下的惡果苦果，倒是輪到他著著實實地親嘗了，承受了。

曹家欠下巨額虧空，還有一個很重要的原因，是這個聲勢顯赫的貴族大家庭，在生活上窮奢極欲，揮霍無度，衣食住行都非常講究闊綽，浪費驚人。

《紅樓夢》裡所寫為秦可卿治喪、元妃省親等大的章節，所用銀兩之巨之濫，多麼驚人！單是書中描寫的從鄉下來賈府認親的那位劉姥姥，她在看到賈府吃螃蟹時，曾算過一筆帳，便叫人咋舌：「這樣螃蟹，今年就值五分銀子一斤，十斤五錢。五五二兩五，三五一十五，再搭上酒菜，一共倒有二十多兩銀子。阿彌陀佛！這一頓的錢，夠我們莊稼人過一年的了！」

這種揮金如土的浪費，這種貧富懸殊的對比，雖非實寫，也可反映出曹家生活奢靡之極了，而這正是曹家極盛時作孽埋禍的又一原因。更不用說從老子到子姪的腐敗荒淫，三妻四妾，「扒灰的扒灰，養小叔子的養小叔子」那樣見不得人的事了。

據歷史檔案材料記載，曹寅死後留下的虧空銀兩，竟達數十萬兩之多。雖得到老皇帝一再關照，恩准由其內兄李煦代為管理鹽政一年，將所得 58 萬多兩餘銀全部用來彌補虧空。誰知

這虧空竟像個無底洞，後來又發現一筆26萬兩的債務，終於還是給新上臺的雍正留下了整治曹家的把柄。

終於，新皇上藉口現任江寧織造曹頫行為不端，織造款項虧空甚多，「然伊不但不感恩圖報，反而將家中財物暗移他外，企圖隱蔽」，以及他「賤售人蔘」，「所織御用衣料落色」等罪名，於雍正五年十二月二十四日傳下御旨，查抄了曹頫的家產，並受到「沒籍」的處罰。

按照習俗，每年從臘月二十三起，就算進入年關了。「二十三，祭灶天，二十四，掃房子……」可是，今年年關，曹家上下卻是在一片驚恐中迎來的。

前一日的祭灶儀式，儘管李老夫人帶領一家老小，給灶君夫婦的神位再三叩首，懇誠許願，指望灶王爺爺能夠「上天言好事，回宮降吉祥」。還遞一塊麥芽糖給曹雪芹，讓曹雪芹小嘴嚼了，黏在灶王爺、灶王奶的嘴上。

那裡會想得到，僅只隔了一夜，第二日晨間更漏未盡之時，街上已經鬧鬧嚷嚷，皇上派來抄家的軍隊已經包圍了曹府。這下可好，不是「二十四，掃房子」，而是要就此掃地出門了。

為首的一位王爺威風凜凜，徑直來到「萱瑞堂」前，說聲：「宣旨！」曹府上下人等立刻低頭跪下，像是大出殯一般。曹雪芹哪見過這樣的陣勢，哪受過這樣的凌辱，他憋著一肚子的疑

慮和不滿，也隨大人們跪了下來。

　　這時，從後堂裡隱隱傳來內眷們的哭泣聲。他聽得出，那邊急促喘息邊嗚嗚咽咽的啞音，是奶奶李老夫人絕望的啜泣。想起奶奶，想起這個行將敗落的家族，他的眼眶也熱辣辣起來。

　　宣旨完畢，早就紅了眼睛的軍士卒，一個個凶神惡煞，便一擁闖了進來。踹門入室，翻箱倒櫃，嘴裡嚷嚷著，手下可就順手牽羊，把些袖珍古玩、金銀首飾，一齊往自己的兜裡、懷裡塞。抄完一間屋子貼上封條，再去抄另一間屋子，像篦頭髮一般。這些錦衣軍兵卒們幹起抄家勾當，真是熟練極了。

　　清王朝時，被抄家那可不是鬧著玩的。管你再顯赫的官職，再大的家業勢派，轉瞬之間成了階下囚，人丁被拘官扣押，家財被搶掠一空。

　　《紅樓夢》第一百零五回《錦衣軍查抄寧國府，驄司使彈劾平安州》一節裡所描寫的情況，大約就是曹雪芹 13 歲那年，他家被抄時他所親見親聞慘狀的真實寫照。

　　這一切，曹雪芹都是親身經歷了的，不可能不在他的心靈上留下深深的傷痕，對他重新認識這黑暗社會，認識這腐敗官場，認識他這個由盛到衰的家庭，乃至重新認識他自己，產生了深刻影響。

　　恐怕正是由他的家族的從興盛到衰敗，「福兮禍伏」，證之於世的覺醒者的箴言吧！

捲入宮廷政治鬥爭

抄家給曹雪芹帶來的打擊是巨大的。首先是家產盡沒，生計成了問題。儘管雍正對查抄的結果大出意料，曹家除田產和房屋，僅有銀數千兩、錢數千，質票值千金，不免生出惻隱之心，下令除將家產、人口賞給新任江寧織造隋赫德外，酌量留下曹家在京的一處房產，給予生活出路。

然而，對於過慣大富大貴的人家來說，這無異於從天堂落入到了地獄。生計的艱難，特別是經歷了這一場變故之後，一些往昔炙手可熱的親朋故舊，像避瘟疫一樣，不再與曹家有交往了，這更是一種精神上難以承受的打擊。

老祖母李氏，平時總愛重複曹寅在世時常常說的一句話「樹倒猢猻散」，以此教訓她的子孫們，大家卻並不怎麼理會。如今真的是要「樹倒猢猻散」了。

「百足之蟲，死而不僵」，曹家遷回京城後，據說還曾有過一段「中興」的歷史，但是，那也只不過是迴光返照罷了。

1735 年雍正駕崩，又一個新皇帝乾隆弘曆登基，曹家因為捲入另一場政治惡鬥，遭到了一次新的更為沉重嚴厲的打擊，從此以後，就一蹶不振了。

和曹雪芹幾乎有著相同經歷的近代人物魯迅曾經說過：「有誰從小康人家而墜入困頓的麼？我以為在這路途中，大概可以看見世人的真面目。」

乾隆時代的曹雪芹，也正是從他家的被抄，像當頭潑來一盆冰冷的水那樣，使他從富貴溫柔之鄉中清醒過來，看清了那

些官家的乃至本家親族的一個個衣冠禽獸們的真面目，並對那種種面目以及產生那種種面目的社會發生了憎惡感，促使他後來以字字血淚寫成了《紅樓夢》。

應該說，抄家之變，對他的思想有不容低估的錘煉和淬火的作用。

被逼踏上返京路

曹家被抄家的第二年，即雍正六年的秋天，禁不住新任江寧織造隋赫德的再三催逼與驅趕，曹雪芹陪伴著祖母、母親和嬸娘，以及嬸娘的兒子曹震，丫鬟錦兒、秋月、夏雲等，帶著僅有的一些衣物行李，終於灑淚告別金陵，登程北上了。

這回被遣返北京，走的是漫漫水路。從金陵水西門外秦淮河邊下船，循江而東。船兒在滾滾東流的江水裡行進，搖晃顛簸，曹雪芹不免心事浩渺，時時湧起被抄家的餘悸。

船要行到瓜州渡口，再轉入大運河逆水北上。沿途所見，金山的寶塔，揚州的瘦西湖，都是他曾經遊歷流連過的舊地，如今物是人非，再沒有當年的心境了。

這回不是出外探親，更不是隨父輩家人升遷赴任，而是被抄了家，攆出了世居的江寧，怎能不叫人觸景傷懷、悵惘悲切呢？何況叔父曹頫尚待罪京中，審察未結，此一去命運如何，恐怕總是凶多吉少吧！

曹雪芹立在船頭，望著漸行漸遠的石頭城，無端吟誦出唐代詩人杜牧的〈泊秦淮〉詩句來：

煙籠寒水月籠沙，夜泊秦淮近酒家。
商女不知亡國恨，隔江猶唱後庭花。

他覺得這首詩此刻很符合他的心境，雖然他此刻有的只不過是亡家之恨。皇上將曹家召回北京，那是有來由的。因為曹雪芹的曾祖曹璽出任第一任江寧織造，就是從京城派去的，曹家在京中原有舊宅。

曹雪芹一行回京城以後，才弄清楚叔父曹頫因「騷擾驛站」案獲罪，現正「枷號」在押。

所謂的「騷擾驛站」案，就是有人告發曹頫於雍正四年的秋天，奉命押送江寧、蘇州、杭州三處織造的龍衣進京，在途經山東長清縣等地方時，向當地官員索取夫馬、程儀、騾價等項銀兩超過規定，並引起了很大的影響。

且不必說這個事實到底如何，即使確有這等小小的揩油行為，在當時天下烏鴉一般黑的腐敗官場裡，這豈不是小事嗎？不值得大驚小怪。但是，欲加之罪，何患無辭，為了窮治異己，「莫須有」三字，足以置人於死地。

另一宗案子，是曹頫還牽進所謂奸黨。上面曾查到曹頫間接替雍正的死敵皇子胤禩寄存一對鍍金獅子。後經進一步調查，好在並沒有發現曹頫捲入過什麼陰謀勾當，曹家不過是皇

室的包衣奴隸，似也興不起多大風浪，因此就不再追究。曹頫於雍正七年，總算是又一回沾了浩蕩天恩，被釋放了出來。

曹家在京有兩處住所，被抄家後留給他們的是崇文門外蒜市口老宅 17 間半和家僕 6 人。這就是曹雪芹一家老小初回北京後的落腳地方，可謂是寒酸了。

後來又發還了早年曹璽居住過的名叫「芷園」的一處老屋，地址在內城東南角泡子河附近，即現今北京東城區建國門內大街北貢院一帶。

這裡庭院清幽，屋宇寬敞，有鵲玉軒、春帆齋、懸香閣等雅名別緻的建築，在曹寅的詩集裡多有吟詠。曹雪芹有時翻讀爺爺的《楝亭詩鈔》，依詩覓蹤，心裡發思昔日的幽情，自然會生出許多感喟，於是作詩：

小院清陰合，長渠細溜穿。
西窗荷葉大如盤，煙雨尋常作畫看。

儘管如今的「芷園」已經沒有了昔日的勃勃生機，然而，究竟能夠見物思人，勾引出「詩中有畫，畫中有詩」的興味來，曹雪芹還是喜歡上了這一處地方。

更使他感到快慰的，是這裡也有爺爺遺留的相當豐富的藏書，一如江寧西園裡的書庫。有了這些精神食糧，他覺得生活不那麼淒苦和鬱悶了。

曹家在遷回北京以後，隨著時間的推移，雍正的權勢越來

捲入宮廷政治鬥爭

越鞏固，政治迫害至少在表面上稍稍有所放鬆，被抄家的壓力減緩了不少。曹家的幾支重要宗族姻親，有的減了刑，有的復了職，還有的連得晉升。

雍正九年，也就是西元 1731 年，曹寅的妹夫傅鼐由被貶謫的地方召還，恢復了職銜，又入宮侍起居了。訥爾蘇之子、曹雪芹的姑表兄平郡王福彭，於雍正十年任鑲藍旗滿洲都統，次年並得在軍機處行走，開始參與朝廷的機要事情處理了，繼而又被提升為定邊的大將軍了。

這些人事變動，對曹家是有利的，骨肉至親，或明或暗總都會給予一些照應的。尤其是福彭，曹雪芹的祖母李氏是他的外祖母，當李氏尚健在之日，他對曹家處境上給予保護，生活上予以關照，自是分內的事。

再者，曹頫的族兄曹頎和堂伯父曹宜，在前次抄家之禍中並沒有受到株連，仍然算是京中的殷實富戶。

曹頎在宮內任侍衛，一直得到當朝皇帝胤禛的寵信，曾屢次獲得賞賜御書「福」字。曹宜則在雍正十一年晉升為正三品大員，內務府正白旗護軍參領。這對曹頫一門，至少在感情上也會是一種安慰和依傍。因為抄家的案由如果特別嚴重的話，這些同宗均在九族之列，那是很難倖免的。

省親園內展才華

好消息真是一個接著一個。正當曹家的一些親戚逐漸得到朝廷重用之時，他們早年被選送入宮的一個女兒，也已被晉升為貴人，並且不日就要來家歸省，與家人共慶元宵佳節了。

此事說來話長。按清朝制度，包衣人的女兒是必須被選送入宮做奴婢的。曹頫的大女兒鳳藻，在當時也不知是不幸還是有幸，反正是被選中入宮，做了寶親王弘曆的侍女。

當然她是從最低等級的秀女、小答應等做起。但由於她相貌美麗以及特別的聰明伶俐，而且也確實得到了他們曹家的祖傳文脈，自小雖未正經讀過書，但對琴棋書畫卻是一點就通，因而深得寶親王的喜歡，竟年年升級。

那些嬤嬤也像是有先見之明，加倍地調教她，讓她在眾婢女中脫穎而出。寶親王成了乾隆皇帝，鳳藻自然就成了曹貴人。

眾所周知，此事對他們曹家來說，真正是非同小可 —— 因為她的這一躍升，一下子就讓他們家變成了當朝的皇親國戚。

消息傳來，太夫人、曹夫人先是抱頭痛哭，回想這些年來的擔驚受怕，種種劫難，如今像是終於有了出頭之日了。又想起當年鳳藻被選入宮，哭哭啼啼的，多麼傷心。再加這麼多年的不通音訊，真是連死活都不知。如今喜訊突降，怎不令人喜極而泣！

　　已經任了內務府員外郎的曹頫，想的卻是另一件大事。原來，曹家在北京有兩處住所。一處是在內城，抬頭就能望見城郭的，就是前面提到的「芷園」的所在。

　　還有就是他們現在住著的蒜市口這 17 間半。他是內務府的員外郎，像他一樣，所有內務府的人員差不多都集中居住在這一帶了。

　　這裡的房子與金陵老宅自然是不能比的，但宅內還是有花園和亭臺樓閣的，只是這兩年主人心神不定，園子沒有好好整修，平時住住當然可以，現在要用來接待貴人歸省，就不行啦！所以便趕快召集能工巧匠，一處處地規劃、丈量，並且畫了圖樣，立即投入大修工程，大興土木。

　　自此直忙了大半年，才把個曹府整修得成了個樣子。這日，曹頫便帶了曹雪芹等人，四處察看。

　　當然，此番言極帶著曹雪芹遊園還另有目的。他因聽匠人說過，園內有幾處亭臺尚無題款，想想曹雪芹也已年近 20 歲，平時又表現得頗為好學的樣子，便想臨場考考他的學力。

　　眾人進得園門，只見迎面一座假山，山上有亭。山雖不高，但登臨人亭內四望，園內景色便盡收眼底。曹頫笑問眾人：「諸公請看，此亭當題何名？」

　　大家你望望我，我望望你，竟都笑而不語。原來，大家都早已料到曹公的心思，要將這個顯露才華的好機會留給曹雪

芹。曹頫也心知肚明，於是就不再客氣，轉而要曹雪芹回答。

曹雪芹道：「《孟子，盡心上》有云：『孔子登東山而小魯，登泰山而小天下。』杜甫也說：『會當凌絕頂，一覽眾山小。』我看不如就叫『小天下亭』，尚能有點氣概。」

眾人一聽，便齊聲附和：「好好好！這名兒，聽著既內斂，又含蓄。別看這裡面有個『小』字，表達的卻是俯視一切的雄心和氣概啊！曹公子真是天分也高，才情也遠，學問也深，我等甘拜下風了！」

曹頫聽了，內心十分受用，嘴上卻表達得頗為嚴肅：「諸公客氣了，他一個小伢兒，多讀了點閒書而已，哪有什麼正經學問。以後大家若想到有更好的名兒，儘管告訴我，屆時再定不遲。」

眾人又一齊將雙手猛搖，說：「曹公客氣了，不必，不必！」

下得山來，又見一池。那池塘雖小，卻因布置了水上次廊，曲折有致，岸邊植了桃樹、柳樹，更見叢叢翠竹，映著碧水，便有了幾分景緻。過橋又見三間平房，一律成書房布置，雖簡陋，卻是窗明几淨的，窗外又植有高大的芭蕉，這就很有點意思了。

當下就有一位清客，朝曹頫發議論道：「此處大妙。大夥兒想想，若是雨天，坐那窗下讀書，聽見窗外雨打芭蕉，多有詩意！」

　　一席話說得曹頫高興，當即停下腳步，向著眾人說道：「此處好是好，但進門處光禿禿的，總是個缺憾，誰能來上一副對聯呢？」

　　眾人又是一番推讓，一致動議說：「不如再請公子擬一副對聯，然後用上等的好木板刻了，懸掛起來，這樣未進門便能聞著書香了。」

　　曹頫說聲「這倒也是」，便扭頭尋找曹雪芹，命他先擬一副來看。

　　曹雪芹前後看看，忽然就有了主意，說：「繞堤栽柳園色翠，臨池學書池水黑。」

　　上聯只是一般寫景，這下聯用的則是東晉大書法家王羲之曾說的「張芝臨池學書，池水盡黑」。張芝是東漢人，善寫草書，被譽稱為「草聖」。這句話說的是他少年時學習書法，洗筆時將一池水都洗黑了。

　　眾人一聽，自然又是一片叫好聲，但曹頫卻不客氣，說：「這池水黑總有點不雅，不如改為化墨香。」

　　大家又大聲附和：「對對對。不過下聯這一改，上聯也得動一動了。」

　　於是曹雪芹復又念道：「繞堤栽柳點園翠，臨池學書化墨香。」

　　曹頫這才拈鬚而笑，眾人也就跟著打起哈哈來了。如此走走停停。園子本就不大，根本無法與在金陵時的府衙別署的西園相比。一想到這裡，曹頫頓時便失了興致，於是就草草收場。但後來又想想這次貴人歸省，說不定曹家真的就在新皇帝嗣位的政局下得以中興了呢！一想到這裡，他便又打起精神，率眾人一起回屋喝酒去了。

捲入宮廷政治鬥爭

上官學的日子

竹桃二物不相同，萬綠叢中一點紅。我去化龍君作浪，
人生何地不相逢！

—— 曹雪芹

在「二爺爺」家受訓

曹雪芹在回到北京後沒過多久,就被家人送到為包衣子弟辦的景山官學去讀書。後來,還升入咸安宮辦的官學。

上學的時候,「四書五經」是引不起曹雪芹多大的興趣的,於是經常抽時間到二爺爺家,看他畫畫。曹雪芹的二爺爺,是他祖父曹寅的胞弟曹荃,也就是曹頫的生父。曹荃字子猷,號筠石,鬚眉皆白,74歲了。

這天曹雪芹又來到二爺爺家,帶了幾張自己的作品,準備讓他指點。

「你來了!」曹荃慈愛地拉住他的手。

「那是什麼?畫稿?」

「是的。挑了幾張來給二爺爺看。」

曹雪芹將一卷畫稿,共是4張,打開舖在桌案上,然後攙扶著曹荃逐一細看。

曹荃的畫,在旗人中也頗有名氣,加以在「內廷行走」多年,見過無數名家的真跡,鑑賞尤其不虛。所以曹雪芹很重視二爺爺的評論,此時不住看他的臉色,急切盼望著能有讚許的表示。

兩張山水,一張瓜果的寫生,曹荃看了都沒有什麼表情,而且頭還在微微擺動,彷彿不以為然。

曹雪芹正在失望,忽然聽得曹荃高興地說:「這一張好!」

這是最後的一張，幾棵新生的竹子，搖曳生姿，襯著一塊寥寥數筆而已得古樸拙重之趣的石頭，是曹雪芹那天為朋友洗塵，薄醉歸來，一時興到之作。

「居然滿紙清氣，可以問世了。」曹荃又說，「我的號真該送給你才對。」這是讚他《筠石》畫得夠工夫了。

曹雪芹心裡大喜過望，能得到畫畫大家如此的稱讚，覺得如醉酒般，腳下飄飄然有些站不穩，除了咧嘴而笑以外說不出一句話。

「我很高興。」曹荃坐了下來說，「我的詩不及你爺爺。畫，可就當仁不讓了。想不到你無師自通，也能成個氣候，我的一點心得，看來不至於帶到棺材裡去了。」

曹雪芹知道他的脾氣，怕碰釘子，所以一直不敢輕易開口，而且自顧工夫還淺，還夠不上資格請他指點，更覺得開口也是多餘。

如今想不到是二爺爺自願傳授獨得之祕，這也就證明了他的畫已經入門，進而可窺堂奧了。曹雪芹這一喜非同小可，當即趴在地上，給二爺爺磕了一個頭，站起來笑嘻嘻地說道：「二爺爺，你收我這個小徒弟了？」

「實際也是大徒弟。」

曹荃答道：「以前你齡表叔想跟我學畫，我倒也願意收他，都說停當了。哪知他中了舉人，第二年聯捷，點了翰林，忙著做官，就沒有再提學畫的事。」

上官學的日子

曹雪芹的「齡表叔」，名叫昌齡，姓富察氏。他的父親傳鼐，娶的是曹荃的堂妹，彼此是姑表之親。

「我可是不會做官的，只跟著二爺爺學畫⋯⋯」曹雪芹說。

「孩子話！」曹荃打斷他的話說，「做不做官，當不當差，也由不得你自己。」

曹家的家規嚴，聽曹荃是教訓的語氣，曹雪芹立即恭恭敬敬地答一聲：「是！」心裡卻在想，想做官難，不想做官還不容易。

「你看」，曹荃開始指點了，指著他的畫稿說，「這裡煙雲模糊之處，用墨不對。」

「太呆板了？」曹雪芹問。

「也可以這麼說。不過毛病還是在用墨太多、太濃。」

說著，曹荃在書桌前坐了下來，拈毫鋪紙。曹雪芹便即打開紫檀的硯盒蓋，注一小勺清水在硯臺上，曹荃就著筆尖似滴未滴的墨汁，隨意揮灑了幾筆，頓時煙雲滿紙，細細看去，彷彿隱藏著無數山峰樹木。

這要胸中先有丘壑才辦得到。曹雪芹正這樣想著，一忽聽得窗外一聲咳嗽，抬眼一看，隨即說道：「四叔來了！」

曹頫一來，就沒有曹雪芹的話了，只靜靜地站在門口，看曹頫行了禮，聽曹荃問道：「你到王府去過了？」

「是。」曹頫答道，「見了姑太太。」說著，向曹雪芹看了一眼。

這是示意迴避，曹雪芹隨即退後兩步，悄悄溜了出去。見此光景，曹荃自然關切，急急問道：「姑太太怎麼說？」

「姑太太」指的是平郡王的太福晉，曹頫輕聲說道：「姑太太愁得睡不著，跟我打聽西邊的情形。」』

曹荃大吃一驚：「這是為什麼？」又問，「西邊出了什麼事？」

「是打聽西邊的軍事，問準噶爾到底怎麼樣？」曹頫走近他父親，低聲說道：「老爺子可別跟人說，郡王大概要放大將軍。姑太太就是為此犯愁。」

「是去接順承郡王？」

「是的。」

「這有什麼好煩惱的？」曹荃說道，「大將軍又不必親臨前線督陣，中軍大營外圍，多少兵馬保護著，怕什麼？」

「愁的不是怕平郡王身臨危地，只怕戰事不利，『上頭』怪罪下來，不知道會擔多大的關係！」

「這也未免過慮了！他家是『鐵帽子王』，爵是削不掉的。」曹荃又說：「凡事兩面看，如果打了勝仗，班師回朝，那一來，大家都好了。」

「是！」曹頫答說，「我也這麼勸姑太太，皇上如果真的派咱們郡王去接順承郡王，當然看出來咱們郡王一定能頂得下來。皇上能放心把這麼大的責任託付郡王，姑太太不放心，可

不是多餘的？」

「這話很透徹。姑太太怎麼說呢？」

「姑太太說，她也懂這層道理，可就是想得到，丟不開。」

曹荃點點頭，接著又嘆口氣：「天下父母心！」

接下來，便是父子閒談。看看曹荃有神思睏倦的模樣，曹頫便辭了出來，只見曹雪芹還站在走廊上，少不了就要查問功課。

「三伏天是半功課，本來逢三八切磋詩文，這個月改逢五政論類的文章，限 1,200 字以內。」曹雪芹說，「這比八股文可有用得太多了。」

一聽這話，曹頫又起反感。他對曹雪芹的管教，雖已不似以前那麼嚴厲，但在八股文上卻仍舊不肯放鬆，因為他一直期望曹雪芹能由「正途」出身，中舉人，成進士，最好還能點翰林，那就非在八股文上痛下工夫不可。偏偏曹雪芹就最討厭八股文，此刻的語氣，便很明顯。

「你來！」他說，「我有話跟你說。」

曹頫親父這裡老宅中仍舊替他留著兩間屋子，一間作為臥室，一間作為書房。曹頫卻難得用它，這天心有感觸，特意叫人開了書房門，要跟曹雪芹好好談一談。

「你坐下來！」

這是少有的情形，曹雪芹答應一聲「是」，在靠門的椅子

上，端端正正坐下。

「你今年19歲，明年官學念滿了，就得當差。」曹頫問道，「你想過沒有，你能做什麼？」

這一問將曹雪芹問住了，囁嚅著說：「我不知道會派一個什麼差使。」

「那還不是想像得到的，反正不離筆帖式，學業好就是八品，不好就是九品。」曹頫又說，「內務府的差使，多半聽人使喚，要熬到能放出去，不知要受多少氣，你行嗎？」

一聽這話，曹雪芹心上便似擰了個結。他是到了京裡，才知道當包衣是什麼滋味，說穿了便是奴才。

有一回五阿哥要挑幾名哈哈珠子，差點就挑上了他。他真是不敢想，捧著衣包，或者牽著狗跟在五阿哥身後，那會是個什麼樣子。曹雪芹這樣想著，不由得脫口應道：「我不能當那種差使！」

「我想你也不能。你離紈絝二字，也不過一牆之隔，看不得人的臉嘴，受不得人的氣。既然如此，我倒問你，你何以自處？」

「我……」曹雪芹在這一層上沒有細想過，這時只有一個願望：「我還是想唸書。」

「想唸書就得用功。能到翰林院去唸書，你才是你爺爺的好孫子，也不枉了老太太把你當心肝寶貝。」

「你不想在內務府當差，只有兩條路好走，一條是正途，一條是軍功。」曹頫略停一下又說，「後一條也許有機會，可是你吃得了營盤裡的苦嗎？」

「那……」

「你別說了！」曹頫搶著說道，「就算你能咬一咬牙，肯吃苦，你娘也一定不願意讓你從軍。所以，說來說去，你只有在正途上討個出身。你說我這話是不是？」

哪還能說不是？曹雪芹毫不考慮地答一聲：「是。」

「那麼，你怎麼才能在正途上討出身呢？」

「這自然是，是想法子中個舉人。」

曹雪芹從心底里厭倦學習八股文，一想到要靠這個才能「討個出身」，怨氣更重，只輕輕地「嗯」了一聲。

懵懂的第一次愛情

曹雪芹在官學讀書的時候也有一些朋友，其中年齡最小的保住就是他比較要好的朋友之一。

一天，咸安宮官學年紀最小的學生保住說：「芹二哥！我娘交代我，明天包素餃子，務必把你請了去，你去不去？」

「既然交代你務必請了我去，我不去不就讓你挨罵了嗎？」曹雪芹笑著說。

「我娘倒不會罵我，不過，我姐姐會說我。」

「喔！」曹雪芹隨口問道，「她會怎麼說你？」

「說我不會說話，顯得請人家的心不誠。芹二哥，我是這麼想，人各有志，不可相強。我娘雖這麼交代，去不去還是得看你自己的意思。一個人自己做自己的主張最要緊！你說是不是？」

聽得這話，曹雪芹大為驚異。14 歲的保住，居然有這樣的見解，可真得刮目相看了。

保住稚氣地笑了，欲語不語地顯得很詭祕。曹雪芹心中一動，少不了要追根了。

「你有話想說，沒有說出來。」他撫摸著保住的腦袋說，「小傢伙，別跟我耍什麼花招。不然，你就別想我帶你到詩社裡去。」

「老實告訴你吧，剛才我的話是我姐姐教我的。」

保住一語道破了玄機。他母親交代他，務必要將曹雪芹請了去，保住知道曹雪芹這幾天心情不好，怕碰釘子，向他姐姐求教，學得了這麼一個以退為進的法子，果然奏效了。

一面聽他談，曹雪芹一面在腦中浮起一個影子：只是個瘦窄腰肢的背影，也聽到過極清脆的聲音，約莫十六七歲，只是沒見過長相。

這樣想著，不由得問道：「你姐姐唸過書沒有？」

「唸過。」保住答說，「唸了有三四年，是我爹教的。我爹一死，她就不唸了。不過，她自己有兩本書，老在翻著的。」

「是什麼書？」

「一本是《千家詩》，一本是《戰國策》。」

「好傢伙！你姐姐還念《戰國策》啊！」曹雪芹越發好奇了，又問道：「你姐姐多大？16歲，還是17歲？」

「跟你同歲。」保住道，「對了，所以她叫桂枝。」

「桂枝，桂枝，這個名字不錯。」曹雪芹忽然發覺，這樣談人家的姐姐未免失態，因而趕快囑咐：「我是隨便問問，你別告訴你媽，也別告訴你姐姐。」

「不要緊！我姐姐不在乎。」

曹雪芹一愣，然後問說：「怎麼不在乎？」

「我姐姐不在乎人家談她，她說：越是怕人談，越有人談，不理他們不就完了！再說，如果一個人都沒有人愛提了，那也挺、挺什麼來的？」保住偏著頭想了好一會，突然轉臉說道：「記起來了！她說，一個人沒有人提，也挺寂寞的。」

就這幾句話，桂枝的樣子便生動地閃現在曹雪芹眼前了：大方豁達，一定也因為能幹而得人緣。

於是他又忍不住問：「談論你姐姐的一定很多，是些什麼人呢？」

「還有什麼人，自然是街坊。」

「談些什麼呢？」

「那可多了。」

「說點兒我聽聽。」

「譬如，常有人替桂枝可惜，說她那年應該選到宮裡去的，如果自己願意選上了，這會兒說不定封了妃子了。」

曹雪芹心想，照此看來，容貌一定出色，越發想一識廬山真面。轉念想到「如果自己願意選上」這句話，口中就更不能自休了。

「照你說，你姐姐如果自己願意選上，就能選上，是嗎？」

「是啊！本來已經選上了。」

「那又為什麼不進宮呢？」

「是她自己不願意，不知說了句什麼話，總管太監就把她刷下來了。」

「喔」，曹雪芹有些不太相信，「憑她一句話，想不進宮就不進宮，哪有這麼方便的事？」

「真的。」

「是句什麼話呢？」

「我不知道。只聽人說她那句話說得很絕。」

最好奇的曹雪芹，沒有能知道桂枝說的是句什麼話，竟有忽忽若有所失之感。心定下來就暗中思索，卻始終無從索解。

到第二天下午，準備跟保住到他家去吃餃子時，特意關照保住，務必把桂枝的那句話打聽出來，而且懸下重賞，辦到了送他一個景泰藍的銀錶。

保住又驚又喜。「說話算話不？」他問。

「我還能哄你！你要不信，我先把表給你。」

曹雪芹原有兩塊錶，一塊金錶擱在荷包中，隨身攜帶；另外一塊銀錶，懸在床頭，權當鐘用，當下從床頭解了下來，送給保住。

保住姓劉，隸屬正黃旗包衣。他的父親是上駟院的副牧長，4年前到大凌河馬場去選馬時，不慎墜河而亡，遺下一兒一女。

孤兒寡母又不曾承受遺產，日子過得當然不會舒服。但也並不算苦，因為劉大嬸很能幹，會鑽各種門路，找小錢來貼補家用。曹雪芹就是她的門路之一。

原來曹雪芹有個舅舅叫馬泰和，是廣儲司的總辦郎中。內務府自成體制，一共6司，以廣儲司為最大。也只有廣儲司設有總辦郎中4人，一半由各部保送兼攝，一半由內務府人員專任。在專任的兩人中，又以馬泰和資深掌權。廣儲司管的事很多，隨便派一兩件給人辦，就能讓人過幾個月的舒服日子。

劉大嬸曾托曹雪芹說過兩次人情，曹雪芹央求他母親，馬夫人又轉託馬泰和，兩次都如願以償。因此，一聽劉大嬸交代保住，務必將曹雪芹請到，他就猜到必是又有事要托他了。

到了劉家，讓曹雪芹感到意外的是已先有兩個客人在，一個40來歲，一個20出頭，都穿的綢子長衫，卻都是一臉濁氣。

看見了曹雪芹，雙雙起立，滿臉堆下笑來，不約而同地喊：「曹二爺！」

這時劉大嬸已迎了出來，一面用圍裙擦手，一面為曹雪芹引見。那兩人是父子，姓牛，老牛叫牛春山，小牛便叫牛少山。

劉大嬸跟牛春山似乎很熟，管他叫牛大哥，叫牛少山大姪子。曹雪芹看牛家父子不大對勁，也不知道該怎麼稱呼，所以含含糊糊地招呼過了，隨即問說：「劉大嬸讓保住叫我來，一定有事，請說吧！」

「不忙，不忙！先喝著酒，回頭再談。你把大褂兒卸下來，涼快涼快！」

她一面說，一面看著牛春山，牛家父子卻以殷切的眼光，來回看他們說話。

見此光景，曹雪芹心裡明鏡一般，知道這酒不是白吃的，也有些不高興，正想託詞告辭，眼前一亮，是桂枝出現了。

她沒有跟曹雪芹招呼，但一雙極大的眼睛，毫不畏縮地看了看他，然後喊道：「保住，你把這端了給芹二哥。」

保住便從她手裡接過一個黑漆托盤，上面一塊井水中浸過的手巾，一盞冰鎮的酸梅湯。曹雪芹覺得一來就走，未免說不過去，正在躊躇之際，門外有人吆喝：「送菜來了！」

回頭看時，有個小二雙手提著盒子菜進門。這一下，曹雪芹更說不出告辭的話。

「怎麼？」曹雪芹問保住，「不說吃餃子嗎？」

「有，有餃子！」劉大嬸在窗外接口，接著又大聲說道：「牛大哥，你跟大姪子可好好陪一陪芹二哥。」

「是了！」牛春山也大聲答應，「你把曹二爺交給我好了。」

於是牛家父子倆七手八腳地鋪排桌椅。劉大嬸來擺了碗筷，請曹雪芹上坐。他突然省悟，這盒子菜還不定是誰給錢，吃不得！

「劉大嬸，你別客氣。我鬧肚子剛好，不敢吃油膩。有餃子可以來幾個，別的可不行！」

聽這一說，能說善道的劉大嬸也愣住了，與牛春山面面相覷，場面十分尷尬。

「娘！」桂枝在裡面喊，「不有別人送的楊梅燒嗎？鬧肚子喝那種酒最好。」

這提醒了劉大嬸，立即如釋重負地說：「對了！楊梅燒專治鬧肚子。不能吃油膩，我另外弄清淡的下酒菜。」

留是留住了，但一張桌子上，吃的喝的都不一樣，各不相擾，誰都覺得很彆扭。

曹雪芹勉強熬到餃子端上桌，吃了幾個應景。看這天所期待的必將落空，越發覺得坐不住，站起身來跟保住說：「我得走了，有什麼話明兒再說吧！」

保住不知如何回答，只喊了一嗓子：「娘！芹二哥要走了！」

「怎麼就走了呢？餃子還有三鮮餡兒的，正在煮呢！」劉大嬸一面說，一面趕出來留客，同時向牛春山使了個眼色。

牛春山倒有自知之明，看出曹雪芹覺得他們父子語言無味，早就想走了，不如識趣告辭，反倒可以將曹雪芹留下來，容劉大嬸跟他談他們所托之事。

於是他說：「我們爺兒倆還得趕出城，曹二爺請寬坐吧！」

這一來，保住也知道能把曹雪芹留住了，便暗中一把拉住他。等牛春山父子走了，方始笑道：「請坐下來，舒舒服服吃吧！」

這時，曹雪芹的興致轉好，但也不免有歉疚之感。「劉大嬸！」他老實說道，「實在對不起！我跟牛家父子談不到一塊兒。」

「我知道，我知道！」劉大嬸欲語不語停了一下，又說，「回頭再說吧！」接著提高了聲音問：「桂枝，餃子好了沒有？」

「好了！讓保住來端。」

「你自己端了來就是了！芹二哥又不是外人。」

「還有原湯，」桂枝在裡面高聲答道，「我一個人只有一雙手，可怎麼端啊？」

這時保住突地蹶然而起，「我去！」

這一去好一會才出來，姐弟二人，一個端一大盤餃子，一個用托盤盛了一大碗原湯，等擺好了，保住掏出那塊銀錶擺在曹雪芹面前。

「你收回去吧！」

這個突如其來的動作，看得劉大嬸發愣。「怎麼回事？」她問。

「芹二哥要我打聽一件事，打聽到了，便送我一塊錶。」

保住大發怨言：「一句話的事，偏偏有人賣關子不肯說，存心不讓我使這塊錶嘛！」

「誰賣關子啦！」桂枝瞪著一雙杏兒眼，舉起纖纖一指，戳在保住額上：「我跟你怎麼說的？我說，你別忙，回頭我告訴你！這就叫賣關子啦？好，你說我賣關子，我就賣關子，再也不告訴你了！」

聽他們姐弟口角，曹雪芹大感不安，而且覺得這也算打聽他人的私事，於理不合，因而趕快說道：「我也是一時好奇，並不是真的想打聽。」接著將銀錶塞在保住手裡，又埋怨他兩句，「我不過隨便說說，你怎麼竟認了真呢？」

劉大嬸聽了半天，沒有聽懂，直截了當地問曹雪芹：「要打聽什麼事？」

這一問當然會使曹雪芹發窘，於是桂枝開口了，她是回答曹雪芹想問的事：「當時我跟總管太監說：我有病。這種病，在宮裡是犯忌的，他們就不要我了。」

劉大嬸這才聽出來，「原來是談這件事。」她還想說下去，只聽桂枝重重咳嗽了一聲，便笑笑住口了。

「吃吧！涼了不好吃。」桂枝夾了兩個餃子給曹雪芹，落落大方地，就像姐姐照料弟弟那麼自然。

曹雪芹道聲：「多謝！」還想說一句「你也請坐下來」，沒料桂枝一扭腰肢翻然而去。曹雪芹心裡不免浮起一陣惆悵。

看他停了筷子，劉大嬸便說：「餃子怕不中吃？」

「很好，很好！」曹雪芹沒話找話，「這餃子餡是誰拌的？」

「三鮮餡是我拌的，羊肉西葫蘆是桂枝拌的。」

聽這一說，曹雪芹便只吃先前端上來的那一盤了。保住不知就裡，冒冒失失地說：「你也怪！這羊肉餃子剛才不吃，這會兒涼了你倒又吃了。」

無意中說破了，曹雪芹自然有些窘，但如停住，更有痕跡，所以一面仍舊夾羊肉餃子，一面笑道：「你覺得奇怪不是？我說個道理你就明白了。」

「喔，這也有道理！」保住不服氣，說：「我倒聽聽你的。」

「要聽不難。」曹雪芹不知道理在何處，虛晃一槍，「你先吃兩個，我再說給你聽。」

保住果真一口一個，連吞了兩個，等嚥下喉去，立即說道：「你說吧！」

「好，我先問你，這羊肉餃子好吃不好吃」？

「好吃。不過……」

「別下轉語！」曹雪芹趕快攔住，「好吃就是道理。」

「這叫什麼道理，」保住有受騙的感覺，同時也有了領悟，「大概是桂枝拌的餡兒，你就覺得好吃。」

一句話剛完，只見桂枝出現在門口，大聲說道：「娘！你聽聽，保住說的什麼。」

劉大嬸又好氣又好笑，卻又有些得意。「理他呢，」她說，「你又不是不知道，保住胡說八道慣了的。」

這算是撫慰，桂枝便不做聲了。正待轉往回走時，不道她母親還有句話。

「再說，芹二哥愛吃你包的餃子，那也不是一件壞事。」這一下不但桂枝，連曹雪芹都頗感困窘。

保住卻大為高興，「你聽見沒有？」他揚著臉跟桂枝說，「不是一件壞事，這是一件好事！」

桂枝把臉都氣白了，苦於有客人在不便發作，只狠狠瞪了保住一眼，冷笑一聲：「哼！」接著使勁扭過身子去，辮梢飛揚，一閃而沒。

「你看，」曹雪芹看桂枝生這麼大的氣，頗感不安，便埋怨保住，「無緣無故惹人家生氣，多沒意思！」

「不要緊！一下就好了。」

「哼！」桂枝在裡面接口，「一下就好了？你等著，看我饒得了你！」

　　一聽這話，劉大嬸也不安了，一面責備保住，一面為曹雪芹解說：「桂枝平時氣量很大，總讓著保住，可有一件，不能把她惹毛了！」接著轉臉跟保住努努嘴，「還不快去跟你姐姐賠個不是！」

　　保住不肯，但也不敢違抗，只坐著不動。

　　事成僵局，使得曹雪芹大感無趣，想一想不能不管，隨即用警告的語氣向保住說：「你應該給你姐姐賠禮。不然，我可不會再來了。」

　　這個威脅很有效，保住很快地起身入內，他委屈地說：「何必呢？生我這麼大的氣，害我挨罵。」

　　「活該！」

　　「好！活該。這一下，你該消氣了吧？」

　　「好了，好了！」劉大嬸趁勢說道，「再鬧就沒意思了！難得請芹二哥吃頓餃子，鬧得人家不痛快。」

　　這一來，桂枝不是生氣，是著急了。她覺得她母親的話越來越露骨，卻又不便公然辯駁，唯有亂以他語，趕快結束了這個局面。

　　接著，便聽得姐弟倆小聲交談，似乎仍有爭執。過了一下，保住一個人走了出來，臉上沒有什麼表情。

　　「你姐姐呢？」劉大嬸問。

　　「回她自己屋子裡去了。」保住回答，同時用手做了個抹臉的姿勢。

劉大嬸白了兒子一眼，輕輕說道：「必是你又惹她哭了？」

保住笑笑不答。曹雪芹心頭不免惴惴然，但不便表現得過分關切，心裡只在想，是該走的時候了。可是想歸想，腳上卻似綁著一塊鉛，重得提不起來。

「保住，你陪芹二哥到後院去走走，我收拾了桌子馬上來。」劉大嬸說，「我還有話跟芹二哥說呢！」

這一來，曹雪芹死心塌地不走了。剛站起身，只見桂枝翩然出現，剛洗過臉，唇上染了胭脂，頭髮上還抹了桂花油，又亮又黑，特別顯眼。

「保住，把籐椅子搬出去。水快開了，我來沏茶。回頭拿錢到胡同口老王那裡買一個西瓜回來。記住，不要紅瓤兒的，要『三白瓜』。」桂枝從容交代，語氣表情，都彷彿剛才什麼事也沒有發生過。

「芹二哥，有件事我實在不好意思跟你說，你幫了我家好些忙，我不該再不知足。可是來托我的人，跟別的人不一樣，我又不能不說。明知道這件事辦不到……」

「娘，」坐在一旁的桂枝打斷她母親的話說，「你都不嫌貧哪，那麼多廢話！」

劉大嬸倒正要她女兒這句話，好轉入正題，於是接口說道：「好，我就實說吧！內務府銀庫要補一個庫丁，這件事就歸你家舅舅馬老爺管。老牛想給他兒子謀這個差使，下面都說好

了，只等馬老爺點個頭，這件事就算成了。芹二哥，能不能求你給說一說？」

曹雪芹沒有想到是這麼一件事。為人謀差求官的事，他從沒有幹過，根本就不知道怎麼跟他舅舅開口。

正在沉吟之際，桂枝又開口了：「娘，你該把話跟芹二哥說清楚。」

「這話也是。」劉大嬸略停一停又說，「芹二哥，這件事說成了，老牛答應送 200 兩銀子⋯⋯」

「我不要！」曹雪芹不等她說完，就脫口說了這一句。

「我知道。你也沒有把這點錢看在眼睛裡，那是人家為馬老爺預備了賞人的。另外有個門包 40 兩銀子，芹二哥你留著賞小廝馬伕。」

劉大嬸緊接著又說：「我不瞞你，這件事辦成了，我也有幾十兩銀子的好處。芹二哥，有這幾十兩銀子，給保住娶親，帶我的棺材本都有了。」

那麼，桂枝的嫁妝呢？曹雪芹心想，大概也包括在內，不過劉大嬸不便明說而已。轉念又想，幾十兩銀子能辦那麼多事嗎？

「芹二哥」，劉大嬸見他仍在沉吟，便以退為進地催促，「如果你覺得為難，咱們這段話說過就算了。你幫我家的忙，不上一回，以後當然也仍舊有求你的時候。」

「劉大嬸，你這話我不敢當。」曹雪芹答說，「像這樣的事，我沒有幹過，我也不知道怎麼跟我舅舅去說。如果說成了，他也不見得要牛家這 200 兩銀子。我在想，也不過幾十兩銀子，劉大嬸你能有那麼多用處嗎？」

劉大嬸還未答話，桂枝「撲哧」一聲笑了出來，卻又急忙掩口，靈活的眸子很快地在曹雪芹臉上繞了一下，彷彿要看清楚是不是惹得人家不高興了。

曹雪芹知道是笑他，但不知道自己做了什麼可笑的事，不免愕然相向。

這一來，桂枝覺得不能不解釋。「你是大少爺出身，」她說，「大概從不知道一口人一個月要用多少錢糧、多少米。」

這有點笑他不辨菽麥的味道。曹雪芹承認：「我倒真是不知道。」

「也難怪。」劉大嬸接口說道，「府上的闊，誰不知道？聽說老太太燒一回香，寫緣簿起碼是 100 兩銀子，那就夠我們一家吃上兩三年的了。」

原來幾十兩銀子在小戶人家還真管用，曹雪芹心中一動，凝神細想一下，說：「劉大嬸，我可跟你說老實話，牛家的事，我不一定能辦成。不過我另外有辦法，回頭我跟保住談。」

劉大嬸大失所望，跟一個十多歲的孩子，能談得出什麼辦法來？！她忍不住想說自己的感想，卻讓桂枝拉了她一把衣服，暗中攔住了。

　　於是等保住回來，吃了西瓜，母女倆收拾殘核，雙雙入內，劉大嬸便說：「不知道他是什麼辦法。跟保住怎麼能談得出辦法來？

　　「娘說得夠明白了，人家又不是不懂事。聽他跟保住說點兒什麼。」桂枝又說，「牛家這件事，不該跟他談的！」

　　「為什麼呢？」

　　「人家一個公子哥兒，哪會管這種事，不是害他為難嗎？」

　　劉大嬸嘆口氣，「我也叫沒辦法。」她忽然問道：「你看他人怎麼樣？」

　　「什麼怎麼樣？」

　　劉大嬸不知道女兒是裝糊塗，還是真的不明白，看了她一眼，心裡在想，暫且不提吧，看看再說。

　　桂枝卻覺得她母親問得奇怪，見她不做聲，越發疑惑，便追問著說：「娘，你說啊，是問他的什麼？」

　　「問他……」劉大嬸突然改了個問法，「你覺得他怎麼樣？」

　　「很好啊！」桂枝答說，「他不是幫了咱們家好多忙，平時又常照應保住。像他這樣，沒有一點富貴人家子弟的架子，還真少見。」

　　看起來桂枝對曹雪芹似乎也有意思，劉大嬸心想，事情得慢來，也許能結得上這門親。

　　「娘」桂枝疑雲大起，「你在笑什麼？」

劉大嬸微微一驚，原來自己的心事擺在臉上了，便定定神答說：「我是想起一件他們曹家的笑話。你再續一回水去，聽聽他跟保住說些什麼。」

桂枝便提著水壺往外走，恰逢保住進來，看到他手中，便問道：「你手裡拿的什麼？」

「你來，我告訴你。」

到得裡屋，保住將紫色絲線繫著的一塊玉放在桌上。劉大嬸便問：「芹二哥給你的？」

「不是給我的。」保住說，「芹二哥說，這塊玉是個寶，他跟我說了半天，我也鬧不清楚，反正是值一兩百銀子。他說，娘短幾十兩銀子花，把這個賣了，也就差不多了。至於給牛家去謀什麼庫丁，他從來沒有幹過這種事，跟他舅舅說不出口。」

母女倆相視無語，原來曹雪芹是這麼一個辦法！接下來便是相互用眼色徵詢了：該怎麼辦？意見也是一樣的。

「這可不能要！」劉大嬸在這些地方倒能掌握分寸，「這一傳出去，沸沸揚揚，不知道有多少難聽的話。」

「那我就拿回去還給他。」保住抓住那塊玉就走。

「慢點！」桂枝一把拉住他，「你急什麼，還給人家也得有番話，別讓人家覺得咱們不識好歹。」

「那……」保住將玉塞到他姐姐手中，「你去還！你會說話。」

　　這一下又觸動了劉大嬸的心事，覺得借此讓桂枝跟曹雪芹面對面，你來我往正式打個交道，也是好事，便慫恿著說：「對！你說得比我婉轉，你送回去給他。」

　　見此光景，桂枝無可推辭，心裡在想，如果推來推去，那就太沒有意思了。最好一句話就能讓他收回，而且是人家心安理得地收回，這件事才算圓滿。

　　於是，她將那塊玉握在手裡，從從容容地走了出去，坐穩當了始問道：「芹二哥，你是不是把我們當做小人？」

　　曹雪芹大吃一驚，脫口說道：「何出此言？！桂枝，我說錯了什麼話？」

　　「不是你說錯了話，你是沒有想到一句話：君子不奪人所好。我們把你喜愛的這個佩件奪了過來，不就成了小人嗎？」

　　原來是如此解釋，曹雪芹笑道：「你倒會繞著彎子說話。其實，這又另當別論……」

　　「沒有什麼別論！」桂枝打斷他的話說，「我們又不是等米下鍋，何苦拿你隨身的東西，三文不值兩文地去變錢。你替我們著想，我們也該替你著想：第一，是戴了多少年的東西，總有割捨不下的情分，第二，老太太問起來，只怕你得費一番唇舌。」

　　「那倒不會。我母親最大方的。」

　　「大方也得看地方。」

　　桂枝接著又說：「話說回來，老太太一問你，你照實說了，老太太口頭上沒有責備你，心裡可就在想了，那家姓劉的是怎麼回事，大概窮瘋了，不問什麼東西，全要！」

　　這一說，曹雪芹大感不安，「桂枝，你要這麼想，我可不敢勉強了。」他接著又說：「也罷，我再想別的辦法。」

　　「對了！慢慢想。」桂枝伸開手，托著那塊玉送到曹雪芹面前，「你仍舊繫上吧！」

　　等曹雪芹將玉接了過去，桂枝隨即起身，卻只將臉背了過去。曹雪芹便撈起小褂子下擺，將玉繫好，說一聲：「請坐！」

　　桂枝坐是坐下來了，卻有些躊躇，因為看她母親與弟弟，都在裡面不出來。這麼熱的天不到院子裡來納涼，這件事透著點稀罕，她得想一想是何道理。

　　正這麼想著，發現保住的影子，但隨即便是她母親的聲音：「保住，回來！」

　　這一下，她恍然大悟，臉上也頓時發燒，原來是故意讓她跟他接近！她摸著自己的臉，想站起來離去，卻又不敢，因為怕臉上的紅暈被母親和弟弟發覺。

　　桂枝心裡自然有些氣憤，有種被戲弄的感覺。因此，到得恢復平靜後，悄然起身，到後面見了她母親，故意繃著臉做出生氣的樣子。

　　「怎麼啦？」劉大嬸問。桂枝不做聲，一直往她自己屋子裡

走。劉大嬸緊跟了進來，再一次問時，她氣鼓鼓地說：「把我一個人丟在外面，算是怎麼回事？」

劉大嬸心裡有數，擺出笑臉，輕聲說道：「這有什麼好生氣的，都熟得像一家人了。」

曹雪芹是很心儀桂枝的，桂枝也有些動心，之後曹雪芹又藉故來了許多回。但那時門當戶對是有些身分的家庭最看重的事，所以最後兩個人還是沒有機會在一起。

探訪平郡王府

到了祭神的日子。

滿洲的風俗，「祭必於寢」，所以宮中祭神是在分屬皇后的坤寧宮，王府的祭祀就在王與福晉所住的上房。正中堂屋，西牆上設一塊朱漆擱板，板上懸一塊鑲紅雲緞黃幰，下黏紙錢三掛，稱為幰架，而一般多用「祖宗板子」這個俗名。

「祖宗板子」前面設一張朱紅長方矮桌，上供香燭。陳設雖簡，禮節卻異常隆重：第一天揀米選豆；第二天磨粉蒸麵，到了這天午夜之後，祭禮便開始了。

平郡王府從大門到上房，燈火通明，人影幢幢，但聲息不聞，不但沒人說話，連置放器物都不準出聲，以肅靜為至誠。

丑正一刻，主祭的平郡王福彭上香，率領全族男丁三叩首，廚子隨即和麵做饅頭，就在院子裡臨時搭設的大灶上蒸

熟，裝成 11 盤，每盤 11 枚，獻上供桌，免冠行禮。接下來便是「請牲」了。

犧牲是老早選定的三頭大豬，此時只用一頭，縛在屠床上抬了進來。這頭黑毛豬稱為「黑爺」，原是早就洗乾淨了的，但仍要主祭用一把新棕帚遍掃牲體。縛豬的繩子也換了新的，這才抬入室內擺在供桌前面，意思是請祖宗審視享用這麼一頭肥豬是否合意。當然又需行禮，禮畢就要請「黑爺」歸西了。

這不能用「殺」或「宰」之類不吉利的字眼，宰豬稱為「省牲」。屠夫下手之前，先提起豬耳朵灌一大碗燒酒下去，將「黑爺」灌醉了，省得「省牲」時亂叫。

下手時也有規矩，晨祭用公豬，以左手執刀。及至破腹開膛，第一件事是將附著於大小腸之間的脂肪剝下來，連同生豬血一起先上供。這腸間之脂，就是《詩經》中「取其血膋」的「膋」，滿語叫做「阿穆孫」。

這時整頭豬已置入大鍋去煮，煮熟撤饅頭獻牲，豬頭朝上，頭上插一把柄上有個鈴鐺的鸞刀，另外盛湯一碗，碗上架一雙筷子，隨同供獻。

主祭再一次率族人三叩首，這時天已經快亮了，息香撤幔，晨祭告成，全族吃肉吃饅頭散福，不準喝酒。

到過午不久，夕祭開始，只是「省牲」須用右手，「黑爺」是一頭母豬。

　　黃昏時分，撤饅頭獻牲。這後半段的祭禮，由主婦主持，這件事累人不說，還有點嚇人。如果是有些知書識字，深明事理，而又喜歡尋根究底的才媛，還勉強能適應。主持夕祭，必須要明媒正娶的正室妻子主持，如果她們是膽子小的，每主持夕祭就會有一種恐懼之感。

　　因為這後半段的夕祭，有個專門名稱，叫做「背燈」，先是息香撤火，再用布幔密遮窗戶，屋子裡漆黑一片，只有主婦在內。這還不夠隱祕，中門也須緊閉，男丁都在門外屏息等候。似此遠摒男子，獨留主婦一個人在密室祭神，當然是表示什麼都可以供獻給神的。

　　當初何以制定這樣的儀式，已無從稽考起源。現在的禮節是，主婦在室內行 9 跪 9 叩的大一禮，頓首 81 次之多。

　　而此時「秋老虎」的炎威猶在，穿上禮服在密不通風的屋子裡行此大禮，那可真是苛刑。

　　大奶奶也就是平郡王福晉，好不容易行完了禮，已站不起身，雙手趴地，膝行摸索著到了矮桌前面，將「黑爺」頭上的彎刀拔了下來，放在桌上，忍不住狂喊一聲：「快點燈！」

　　中門外是早就預備好了的，啟門秉燭而入。福彭推門進去一看，大奶奶坐在地上，汗出如漿，面無人色，趕快將她攙了起來，低聲撫慰著說：「辛苦你了，好歹撐著一點。」

　　真得要咬緊牙關，才能撐持得下去。散福之後，便得預備

祭天，俗稱「祭桿子」。

　　這根神所憑依的桿子，以杉木製成，高出屋簷。這個露天的祭禮，儀節與晨祭及背燈都不同，牲用公豬，不光是去毛，還要剝皮，稱為「脫衣」。

　　肉煮熟後，選取精肉，跪切成絲，供神後，將肉絲與小米飯拌合在一起，另加血腸，移置竿頂的斗內。

　　這個禮節卻是有來歷可考的。據說太祖高皇帝努爾哈赤起兵征明時，打了一次敗仗，匹馬落荒，而追兵甚急，只得下馬躲在一棵大樹之下。

　　忽然飛來一大片烏鴉掩護太祖，擋住了明兵的視線，因而得以脫險。為了崇功報德，設桿、子祭烏鴉，託名祭天。

　　祭天既畢，暑氣漸去，趕快鋪設「地平」，布置坐具，來吃肉的賓客已經到門了。第一個是曹雪芹，還帶了他的一班同學。

　　原來他們有個詩社，夏天夜集，在德勝門內積水潭看荷花作詩，貪涼坐到四更天，飢腸轆轆，商量著到哪裡喝一頓卯酒。

　　曹雪芹想起平郡王府有肉可吃，反正只要懂得禮節，識與不識，皆可做不速之客，因而帶了他的那班同學，做了第一批賓客。

　　雖說吃肉的規矩，客至不迎也不送，客去不辭也不謝，但曹雪芹畢竟是至親晚輩，不能不向太福晉致意。

　　原以為太福晉這天有好些王公的福晉和格格要接待，中門

傳進話去，所得到的答覆必是：「知道了。今天事忙，不必見面了。」

哪知竟是：「芹二爺請進去吧！太福晉正在問呢！」

於是，頗感意外的曹雪芹，一面跟著領路的僕婦走，一面在心裡思索，將太福晉可能會問到的事都想了一下。

走近第五進院落，已聽得嬌聲笑語，大概堂客趁早涼到的已不少了。果然，一進垂花門，目迷五色，見到不少身著彩色綢衫的倩影。

曹雪芹趕快低下頭，目不斜視地被帶到了太福晉面前。他很快地抬頭看了一眼，便即垂手屈膝說：「給姑太太請安！」

「起來！你娘好吧？」

「托姑太太的福。」曹雪芹說，「哮喘好得多了。」

「你都見見！」太福晉便一一指引，「這位是禮王福晉，這位是超武公的老姑太，這位是昭武侯的太福晉……」

曹雪芹一時也記不了那麼多名字，反正都是長輩，只執晚輩之禮便不錯。

等請安完了，只聽太福晉向在座長輩告個罪，將曹雪芹帶到另一間屋子裡問話。

「你在官學，多早晚才算滿期？」

「到今年年底。」

「你今年19歲，早就過了當差的年紀。」太福晉說，「官

學裡念滿了，也不過當個筆帖式或者庫使，要多少年才熬得出頭？你身子一向壯實，我看你不如棄文就武吧！」

曹雪芹沒有想到太福晉是關懷他的功名事業，這方面他自己都沒有仔細想過，所以一時愣在那裡，不知如何回答。

「現在是極好的機會，你到前方營盤裡吃兩年苦，大概至多三年，就能混出個名堂來了。」太福晉又說，「只不知道你母親肯不肯放你？」

曹雪芹這才明白，太福晉的意思是，要讓他跟著平郡王到北路軍營去效力，在軍功上博個前程。

功名富貴倒不大在意，只想到張騫、班超立功絕域的故事，不由得起了見賢思齊的念頭，心裡頗有躍躍欲試之意。

「你回去問問你娘的意思看。」太福晉說，「你跟你娘說，不會讓你去打仗，勸你娘放心好了。」

「是！」曹雪芹躊躇著說，「王爺初九就得出京了，只怕日子上來不及。」

「這倒不忙在一時，哪怕等你在官學裡散了學再去也不晚。反正你四叔也在糧臺上，隨時都可以派人送你去。」

曹雪芹是在官學的宿舍中住，家中情形，不甚清楚，不知道曹頫也在糧臺，當即問道：「原來四叔也要跟王爺去辦糧臺？」

探訪平郡王府

「不是跟了去，在京裡管事。」太福晉又說，「眼前還沒有名義，只是派在糧臺上做個耳目。」

沒有名義是因為曹頫眼前還是廢員，不能奏請派差，不過這當然也是軍功。只要打個勝仗，平郡王辦保案時，補敘勞績，復官無非遲早間事。

於是曹雪芹想了一下說：「跟姑太太老實回話，我倒很想到前方見識見識，不過我非得跟我娘說明白不可。」

「原是。你娘就你一個，又是老太太最放不下心，如果我沒有把握，不會讓你走這條路。你把我的這番意思，務必跟你娘說清楚。」

「是！」曹雪芹停了一下問，「姑太太沒有別的話？」

「就是這些話。你吃肉去吧！」

為了避免再一次無謂的應酬，太福晉叫人將他從屋後角門帶了出去。穿過甬道，回到原處，賓客已經大集，曹頫與兒子曹震也都到了。曹頫神態如常，曹震卻有種掩抑不住的興奮之情。

這時曹雪芹帶來的那班同學，每人都有一兩斤肉下肚，吃飽了在等他。曹雪芹有事想跟曹震說，便對眾人道了歉：「家裡還有些事，你們先走吧！」並托一人代為請假，叫人帶他們出了王府。

貪官帶來的啟示

眾同學走後，曹雪芹就在門房中閒坐等候曹震。曹震是曹頫的親兒子，因為曹頫過繼過來的身分，小時候曹震與曹雪芹似親兄弟一般。

但長大後，因曹震年長幾歲，喜好又多有不同，所以交往的圈子各不一樣，關係不如小時親密了。

曹震幾乎客散盡了才走，一見曹雪芹，詫異地問說：「咦！你怎麼沒回官學？」

「就為了等你。震二哥，我到你那裡，有件事得告訴你。」

「我這會兒不回去。走！」曹震一拍他的肩，「到我衙門裡談去。」說到最後一句，得意之情，溢於言表。

到了鑲紅旗三都統衙門的門前，曹雪芹看到，新貼一條 1 尺寬、6 尺多長的梅紅籤，濃墨大書「定遠大將軍駐京糧臺」；又一張尺寸較小，寫的是「定遠大將軍大營塘報處」。曹震自然是在糧臺辦事，怪不得一臉春風得意的神情。

進了大門，往右一轉，另有一個大院子，南北各有 5 間敞廳，亂糟糟地擠滿了人，只聽有人說道：「好了！曹二爺來了，你們等著吧！」此言一出，嘈雜之聲頓息。

大家都轉頭來望，有個軍機處擔任勤務的人上前向曹震請個安，起身引路。曹震昂然直入，在北面敞廳朝南的一個隔間中坐定，向那來人說道：「你請張老爺來。」

「張老爺」便是剛才叫大家等著的那個人，一進來先指著曹雪問：「這位是？」

「這就是舍弟曹雪芹。」曹震又對曹雪芹說，「這位是張 別看他成天在銅錢眼裡翻跟斗，人可風雅得很，琴棋書 件皆能。」

一說，曹雪芹便知他的官銜是司庫。還沒有來得及開 張司庫已放下手裡的卷宗，滿臉堆笑地拉著曹雪芹的 來是芹二爺！我叫張子谷，咸安宮官學離這裡也不算 逛 找我來。」

得此人熱情可親，頗有好感，當下滿口承諾： 定的例 定會來找張五哥。」

願意每 芹好了。」曹震說了這一句，便談公事，「怎麼 糧的？」

事？ 張子谷將卷宗打開，裡面是一大沓借條。

願 不一樣，請二爺定個章程下來，我好去打發。」

，寧可先緊後寬，開頭一寬，做成例規，以後就

怎麼個緊法兒呢？」

月的恩餉了，另外再準借一個月。」

怕不行。」張子谷是很為難的模樣，「有人還打算 借半

「借半年的錢糧？那不開玩笑！此刻花得痛快，往後幹什麼？」曹震接著又說，「最多借兩個月，分 4 個月扣。」

張子谷想了一下說：「能不能分 6 個月扣？」

「好吧！就分 6 個月。」曹震又問，「祝家怎麼說？」

「最近米價又漲了。」

一聽這話，曹雪芹便注意了。

原來曹震所說的祝家，是京城裡有名的老根兒人家之，世代業米，在明朝便是巨富，被稱為「米祝」。

他家在崇文門外板井胡同，園林極盛，傳說 10 天都完。曹雪芹久已慕名，所以此時不由得留神細聽。

「祝老四說，歷年的軍糧，都是他家辦，回扣有一定規。不過在期限上可以想法子，如果能放寬兩個月，他願一石送一錢半銀子。」

「這也不過 3,000 兩。」曹震有些失望，「能辦得了什麼

「本來軍糧就是運價貴。」張子谷又說，「祝老四很忙，說可以替你出個主意。」

「什麼主意？」

「是……」張子谷將椅子拉了一下，湊近曹震，低聲「他說軍糧完全是運價貴，運到烏里雅蘇臺、科布多，25 兩，北路最近的也要 11 兩，平均是 16 兩銀子一石石米光是運價就是 32 萬兩，倘或在這上頭要點花樣，

萬是很方便的事。」

「這話有道理。」曹震轉為興奮了，「咱們倒找他談一談。」

「那麼，祝老四打算出個什麼花樣，你問他沒有？」

「談了一下，大致是以近報遠。譬如運烏里雅蘇臺，本來規定 3,000 石，報它 5,000 石，運價自然就高了。這多出來 2,000 石的浮價，就可以扣下來。」

「那，范芝岩肯不肯出領據呢？」

「大概肯出。」

「肯出就好辦。不過，這件事一定得先扎扎實實說妥當，『大概』可不行。」

「二爺，」張子谷微笑著說道，「你要扎實，人家也要扎實，領據是出了，將來報領 5,000 石、實運 3,000 石，另外 2,000 石運到近處，戶部要追差價，怎麼辦？」

曹震手摸著刮得發青的下巴，沉吟了好一會說：「咱們想法子不叫戶部追就是了。」

「能如此，人家就沒話說了。不過也得有個憑據才好。」

「什麼憑據？」

「這，二爺還不明白，無非拿筆據換筆據……」張子谷沒有再說下去。

曹震眨了一會眼，遲疑地問說：「你的意思是要給他出個借據？」

「對了。如果要追差價,他就拿這張借據來抵付。」

「那麼,不追呢?戶部不追,我有借據在他手裡,不就欠了他一筆債了嗎?」

「這是信得過、信不過的事。如果不用追差價,他也不敢拿這張借據來要債。」

「話不是這麼說。」曹震大為搖頭,「除非他也寫張東西給我。」

「要怎麼寫呢?」

一時沒有好辦法,也就不談了。張子谷只說祝老四想請曹震吃飯,主隨客便,要個日子。曹震欣然相許,決定在定邊大將軍出京的第二天赴席。

等張子谷告辭,曹雪芹才有機會開口,將太福晉的意思,照實說了一遍。曹震大感意外。

「這是辦不到的事。太太怎麼能放得下心?」

「其實,也沒有什麼!讀萬卷書,不如行萬里路。」

曹震道:「你別想得太美,自以為一番豪情壯志,等吃了苦頭想回來那時你才會懊悔。反正這件事一定辦不通,你趁早死了心吧!」

「可是太福晉那裡呢,怎麼交代?」

「那好辦。反正太福晉也說了,等你年底在官學的期限滿了再去也不要緊,眼前先支吾著,到時候再說。」曹震又說,「不

過，你還是得回去一趟，不然撒謊就露馬腳了。」

「當然。無論如何，太福晉的意思，我得跟娘說。」

「對了！你回頭就走，我叫人派車送你去。」曹震躊躇滿志地說，「現在可方便了！要車有車，要馬有馬，要船有船，要伕子有伕子。」

見此光景，曹雪芹立即想到他跟張子谷所談的事，心裡不由得替他擔憂，很想勸他幾句。當今皇帝最重視官員的廉潔，貪汙這樣的事，雍正皇帝深惡痛絕。一旦事情敗露，只怕平郡王都無法庇護。但還在思索如何措辭時，卻又有人來回公事了。

「你來得正好！派一輛車，派兩個人，送舍弟到張家灣。」

曹震回頭問道：「你哪天回來？」

「我想多住兩天。」曹雪芹答說，「給我借匹馬，不必費事。」

「這麼熱的天，你安分一點吧！中了暑還得了！」

「這樣好了，我另外通知通州驛站，令弟要回京，隨時可以去要車。」來人說道。

「這樣最好。」

接著，曹震便替曹雪芹引見，那人是鑲紅旗的八品筆帖式，派在糧臺上管車馬，所以說他「來得正好」。

「震二哥，」曹雪芹想起這件事，「你到祝家去赴席，能不能帶我一個？」

「幹嘛？我們有事談，不是去應酬。」

「我知道。我是想去逛逛祝家的園子。」

「那還不好辦，等你從通州回來，到他園子裡去歇夏避暑，都是一句話的事。」

「這就更好了。」曹雪芹非常高興，「聽說祝家的園子，10天都逛不過來，原該住幾天才能暢遊。」

「好吧，這件事我答應你。」

一路上，曹雪芹想著震二哥私下貪銀的事，心存疑問：人人都削尖了腦袋謀官，不知是不是都為了這事？這些貪官的貪汙手段讓曹雪芹覺得心驚膽顫，因為在他看來，這樣見不得光的行為，早晚會出大事。

夭折的一次相親

在雍正五年春天，曹家舉家回京歸旗時，馬夫人只在家裡住了半年，因為蒙恩發還的通州張家灣住宅，他們在那裡一住就是6年了。

移居張家灣的原因很多，有一個上下皆具的同感是，生活習慣格格不入。尤其是在飲食上，連馬夫人都得米飯麵食間雜著吃，而且還有繁簡的不同。大家最不能忍受的一件事是吃餃子就是餃子，吃打滷麵就是打滷麵。

　　最初，曹家自然是照自家的慣例，不過由奢入儉，少不了委屈些。那時三房仍如在南京一樣，住在一起，錦兒當家，秋月管帳，夏雲掌廚，商量定規每天開 3 桌飯，裡頭一桌、外頭兩桌，五菜一湯，三葷兩素，有米飯、有饅頭。

　　日子一久，親友之間有了閒話：「他家還以為是在當織造、當巡鹽御史呢！排場照舊，看樣子私底下隱藏的家財真還不少。」

　　這話傳到曹頫耳朵裡，大為不安。他跟馬夫人說：入鄉隨俗，既然歸了旗，不便再照江南的習慣，讓人覺得標新立異，大非所宜。

　　馬夫人當然尊重他一家之主的地位，於是重新商量，改從北方的飲食習慣，頭一天吃炸醬麵，弄了 8 個小菜，擺得倒也還熱鬧；第二天吃餃子，除了兩碟子醬菜，就是一碗下餃子的湯，名為原湯，可助消化。

　　到得晚上，曹震向錦兒抗議：「兩碟子下酒菜，再就只有餃子了！這種日子，我可受不了。」

　　「受不了也得受！」錦兒答說，「你別鬧了！你的見識跟那位季姨娘一樣。」此時，曹震的原配夫人已去世，錦兒續做了偏房，還有了身孕，所以說話比以前強硬很多。

　　將他跟自己的姨娘相提並論，曹震認為是奇恥大辱，怒氣剛要發作，錦兒卻又發話了：「你等我說完，如果我比錯了，你再鬧也還不遲。」

上官學的日子

錦兒告訴曹震說，這天下午有人來看季姨娘，她跟人大訴委屈，又誇耀在南京時如何闊氣，三頓飯兩頓點心，肥雞大鴨子連丫頭都吃膩了。夏雲直跟她使眼色，而季姨娘卻是越說越起勁，到底讓人家說了句不中聽的話，才堵住了她的嘴。

「人家怎麼說？」

「人家說，妻財子祿，原有定數，如今苦一點，是留著福慢慢兒享！反倒是好事。」錦兒詰責，「你倒自己想想，你是不是跟季姨娘一樣不懂事？」曹震啞口無言，也只有像馬夫人那樣的嘆口氣而已。

到得下一天，馬夫人找了錦兒、秋月、夏雲來說：「我昨兒晚上想了一夜，京城我住不慣，我也不必住在京城。張家灣的房子，是平郡王托怡親王在皇上面前說話，馬上快發還了，到那時候，我想搬到張家灣去住。」

大家面面相覷，不知從何說起。好一會，是夏雲先開口：「這一來，不就都散了嗎？」

「本來千年無不散的筵席！老太爺在時常說，樹倒猢猻散。如今樹也倒了，本就該散了。」馬夫人又說，「四老爺跟震二爺自然要在京裡，我可不用。搬到張家灣清清靜靜，日子愛怎麼過就怎麼過，也省得聽人的閒言閒語。」

「太太的主意不錯。」秋月點點頭說，「可只有一件，芹官要上學了，怎麼辦？」

「那是我想搬到張家灣的緣故之一。」馬夫人答說,「上學住堂,是芹官該吃的苦,誰也替不了他。再說,不吃這番苦,也不能成才。既然如此,倒不如讓他死心塌地,如果仍舊住在京裡。他天天想家,我天天想他,彼此都苦。索性離了京,隔著有百八里地,來去不便,他死了心,我也死了心,倒不好?」

對於馬夫人的主張,曹震贊成,曹頫反對。其實也不是反對,只是他自覺有奉養寡嫂、撫育胞姪的職責,極力勸馬夫人一動不如一靜。馬夫人細說了遷出京去,絕了曹雪芹時常想家的念頭,反於他學業有益的道理,曹頫方始同意。

正好發還房屋的恩旨也下來了,除了張家灣的大宅以外,還有前門外鮮魚口的一所市房。那裡是整個京城最熱鬧的地方,北鄰肉市,東面就是京中第一座大戲園查樓,寸金寸土,所以這所市房很值錢。

馬夫人頗識大體,自己有曹老太太留下來的東西,另外還有專門留給曹雪芹的一份,日子應該是寬裕的。只有曹頫此時還比較拮据,便做主將鮮魚口這所市房,歸屬曹頫,每個月收租息貼補,將就著也可以維持一個小小的排場了。

此外,便是曹雪芹的親事了,是個極大的煩惱。從到京的第二年起,就不斷有人來提親,但真應了一句俗語,叫做高不成、低不就。第一是門第,雖說一般都是包衣,但曹家出

過王妃，尋常做個小官的人家，首先姑太太 —— 平郡王太福晉 —— 就不願意。

但也有些滿洲世家，尤其是隸屬上三旗的，因為皇帝動輒有「包衣下賤」的話，一樣地不願跟曹家聯姻。

其次是人品。曹雪芹心目中的好女子，既要嫻雅秀麗，又要溫柔體貼，還要讀書明理，這在旗人家就很難找了。長得俊的倒是不少，但有的滿身嬌氣，有的一字不識，有的不明事理。

偶爾有一兩個可算夠格的，卻又未曾選過秀女，不敢私下婚配。像這樣的人才，可想而知，選秀女時一定不會被撂牌子。就算不選入宮去，也一定分配到王公府第，哪裡輪得到曹家聘來做媳婦！

這是馬夫人的一椿心事。撫孤守節，必得抱了孫子，心裡才會踏實，自覺不枉多年辛苦，也才能告慰於九泉下的曹老太太。這是一種責任，隨著曹雪芹的年齡漸長，這份責任也就越來越重了。

不過，最近她的心境開朗了些，端午前後，有人來說了一個媒，女家是正藍旗包衣，姓楊，而且一直保留著漢姓。

楊小姐的父親叫楊思烈，舉人出身，現在安徽當縣官。這年3月裡，在京的楊老太太得了中風，楊思烈偕妻女回京侍疾，偶然的機緣，為錦兒所見，相貌端正，談吐文雅。一打聽今年18歲，已過了選秀女的年齡，不正好配給曹雪芹。為此，錦兒特地從京裡趕到通州來做媒。

聽過一番形容，馬夫人喜不可言，但又不免疑惑，「你的眼界高，經你看中，必是好的。不過，有一層我不明白，」馬夫人問道，「這樣的人才，何以 18 歲還沒有婆家？」

「這就跟咱們家的小爺一樣，不肯遷就。楊小姐是楊大老爺親自教的書，開出口來滿口是文章。咱們旗下做官的子弟吃喝玩樂，不成才的居多，楊小姐怎麼看得上眼？再說安徽也沒有多少旗人，滿漢又不能通婚，就這麼著耽誤下來了。」

「原來是這麼一個道理！」馬夫人釋然了，「總得先相親才好。」

「相親的話還早。」錦兒說道，「事情要做得穩當，先別提相親不相親，最好找個機會，能讓芹二爺看看人家小姐，也讓人家看看咱們。你說我這個主意行不行？」

「行！」馬夫人想了一下說。

「楊老太太的病好多了，我幾時就把楊太太接了來打牌，讓芹二爺闖了來，不就彼此都見著了。」錦兒又道。

「這個主意好，我們就聽你的信兒好了。」馬夫人道。

從錦兒回京，馬夫人的心境一日比一日開朗，因為一切都可說是稱心如意。

錦兒很快也有了回音，說楊太太很願意結這門親，欣然接受邀約，作為變通的相親。挑的日子是農曆五月二十五，那天不但是黃道吉日，而且如俗曲「鴛鴦扣」中所唱的，日子是個「成」。

上官學的日子

　　曹雪芹這一回也與以前不同，在沒有相親以前，先就一處媒人說溜了嘴的地方大加批駁，將女家貶得不堪做配。這一次也許因為媒人是錦兒的緣故，曹雪芹頗為興奮，而且作了堅決的承諾，只要楊小姐如錦兒所形容的那樣，他一定旁無二心，怎麼說怎麼好。

　　「我看過皇曆了，月底也是成日。到那天我親自去看，不知道來得及來不及？」馬夫人跟錦兒商量。

　　這是照旗下的規矩，馬夫人到女家親自去相親，猶如六禮中的問名，看中了送一柄如意，或是贈一枚戒指、一支簪子，名為「小定」。女家到了那天，少不了要費一番張羅，所以馬夫人須問：「來得及來不及」。

　　「有五六天的工夫，應該來得及。太太就預備過禮吧！」

　　過禮便是下聘禮，裝點珍飾，買辦羊酒。馬夫人不愁無事可做，哪知正忙得起勁，預備動身進京時錦兒忽然來說：楊太太母女不能赴約，親事緩一緩再說。平地起了波折，馬夫人大失所望，不明緣故更覺煩悶。

　　「楊老爺出事了！」錦兒說道，「大前天得的消息，不知是一件什麼案子，撫臺指名題參，楊老爺一急，跟他老太太一樣得了中風，來不及請大夫就不中用了，如今還瞞著他家老太太。」

　　錦兒又說：「楊太太也真可憐，老爺死了，還不能發喪，不能哭。你想想，那過的是什麼日子。」

「楊家已經請了一位叔伯弟兄，趕到安徽料理去了。至於咱們家，我看，這門親事是吹了。」

「難道是楊家有話，不願意結這門親？」

「恰好說反了，楊家是巴不得結這門親。不過，我不能做這個媒。」

「為什麼？」

「我不能替太太弄個累。」錦兒說，「您想，芹二爺一成了人家的女婿，養兩代寡婦。聽說楊老爺還有虧空，要是一追，不更是無窮之累？」

怎麼了結此事，兩人都無主意。錦兒正在房裡獨自思忖，曹震回來了，一見錦兒便說：「楊家的事，很麻煩，萬不能結這親。曹雪芹的親事不必急。將來包在我身上，給太太找個才貌雙全，又賢惠又能讓曹雪芹得岳父家照應的兒媳婦。」

聽到最後一句，錦兒先就皺了眉。「你啊」，她說，「一向就是用不著說的話，偏偏要說。」

話又談不下去了。正在這時，秋月來了。因為錦兒以前和秋月一樣的身分，關係一直很好。錦兒當即說道：「暫時不談吧！好久都沒有和秋月痛痛快快聊一聊了，今兒聊個通宵。」

聽得這話，曹震正好自便，「你們姐妹們難得在一起，愛幹什麼幹什麼，我不打擾。」曹震說完，抬腿就走。

「怎麼樣」秋月望著曹震的背影說，「看你們二爺這一陣

子氣色還不錯。做了什麼正經事哪？」

「能做得出什麼正經事來，還不是陪那些貝子、貝勒、將軍、國公爺什麼的，變著花樣找樂子。我勸他，回京五六年，也沒有看他幹出什麼正經，成天陪那些大爺玩，會有出息嗎？你道他怎麼說？」

「你別問我，你說你的好了。」

「他說，陪那些大爺玩，就是正經。別看那些『寶石頂子』，看上去個個是『繡花枕頭』，就要『繡花枕頭』才好。這話怎麼說呢？他說，只要那班人一派上了什麼好差使，就少不了他，那時候發財也容易得很。」

秋月笑道：「震二爺真是財迷心竅！」接著又問，「可有過這麼樣的機會嗎？」

「有過。」錦兒答說，「那年有位福貝子派了陵差，我們那位二爺替一家木廠說合，承攬工程，分了 3,000 兩銀子。倘或沒有這一筆進項，這幾年的日子，就不知道怎麼過了。」

錦兒突然說道：「不談了！談起來勾起我的心事，咱們談些有趣的事。」

有趣的莫如曹雪芹的心事，秋月問道：「楊家的那位姑娘，人才到底怎麼樣？」

「論人才可真是沒話說。而且，模樣也端正。」錦兒臉上又有惋惜的神色。

「你想吃點什麼？」錦兒問，「趁早說，我好預備。」

「我想吃燒羊肉。」

「那好辦，還有呢。奶卷呢？」

「奶卷倒也想，就是天熱，甜得太膩。」

「不要緊！我有上好的普洱茶，還留著4兩杭州的龍井，一直捨不得喝，今兒可要開封了。」

「唉！」秋月忽生感慨，「4兩龍井還一直當寶貝似的！想想從前的日子，真連覺都睡不著。」錦兒沒有接腔。

第二天，錦兒叫人到「羊肉床子」去買了一塊燒羊肉，外帶一碗滷汁拌麵。晚上在院子裡納涼，一面喝龍井茶，吃棗泥松子奶卷，一面聊天。

「我想起來了，」秋月突然問道，「芹二爺還不知道這回事吧？』

「是啊！我要等你來商量，怎麼告訴他？」

「對了！」錦兒又說，「看他明天什麼時候來，就知道他對這件事是不是很關心。」

原來約了相看的日子，就在明天。倘或曹雪芹一早就來了，當然表示他對楊小姐極感興趣。秋月的判斷是，他絕不會早來，說不定根本就把這個約會忘掉了。

錦兒與秋月忙了一上午，本來請楊家母女，是打算在館子裡叫一桌席，顯得鄭重些，如今原約取消，只為曹雪芹準備一頓飯，反倒費事了。因為曹雪芹愛吃的，大都是費工夫、講火候的菜。

　　到得午初時分，還不見曹雪芹來，錦兒心裡便有些嘀咕了，「可別讓你說中了！」她說，「這位小爺忘了今天的約，讓咱們白忙一陣，那就太冤了。」

　　「不要緊，中午不來，下午派人去接他。紅煨的鹿筋，本來就差點兒火候，晚上吃更好。」

　　話還沒說完，聽得已有人聲，一個是曹震，一個是曹雪芹。錦兒迎上去問道：「你們倆怎麼會走在一處？」

　　「我到『造辦處』去辦事，順便就把他接了回來。」曹震向錦兒使了個眼色，「你告訴他吧？」

　　「震二哥說你有話要告訴我。」曹雪芹接口，「我已經猜到了。沒有關係，你說好了。」

　　「你猜到了？」錦兒便問，「你猜到是什麼事？」

　　「楊家的事吹了。」

　　錦兒仔細看了看他的臉色才說：「既然你猜到了，那就不必忙。先吃飯，回頭讓秋月跟你說。」

　　飯開在兩面通風的穿堂中，家規猶在，只設兩個座位。曹震兄弟剛扶起筷子，曹震的跟班高升來報，到了兩個不速之客，都是內務府的官。

　　「這時候來，」錦兒在一旁咕噥，「也不知道吃了飯沒有。」

　　「虧得今天有菜。」秋月幫著張羅，「震二爺會客去吧！留客人便飯好了。」

「好，好！我出去看看再說。」曹震披上一件細夏布的大褂，匆匆而去。

曹雪芹也就必得暫時擱箸，而且也穿上外衣。錦兒與秋月便重新料理杯盤，預備移席到廳上款客。

正在忙著，只見高升進來說道：「二爺要陪客人一起走，讓我來取扇子、墨鏡、荷包。另外說跟姨奶奶要一個盒子，裡面要裝荳蔻、藿香正氣丸。」

「好了！」錦兒向秋月一揚臉說，「咱們可以舒舒服服地吃飯了。」

「真是皇恩大赦！」曹雪芹一面解紐扣脫長衫，一面說道，「震二哥不在，咱們一塊兒吃吧！」

於是打發了高升，曹雪芹坐回原處。曹家家規重，有曹震在，總不免拘束。

「有什麼好酒？」他問錦兒，「昨兒晚上沒有睡好，我得喝點酒，好好睡個午覺。」

「好酒有！不過，我得問你，你什麼時候回學裡去？」

「我今天不回去。」曹雪芹又問，「錦兒姐，你問這個幹什麼？」

「回頭有話要告訴。如果喝了酒睡午覺，一醒要趕回學裡，不就沒法兒跟你談了？既然你不回去，儘管放量喝。有南酒，有玫瑰露，有蓮花白。」

「蓮花白太辣，玫瑰露的甜味受不了。我喝南酒，最好是花雕，天氣熱，不必燙了。」

取來了酒，錦兒和秋月也都斟了一盅陪他喝。兩個人暫時都不說話，只勸曹雪芹夾菜，等他吃得差不多，方由秋月開口。

「楊小姐的老太爺去世了。」

「啊！」剛說了一句，曹雪芹便打斷了她的話，顯得很注意地問，「怎麼回事？是在安徽去世的？」

「是啊！如今這消息還瞞著她家老太太。楊老爺人是故去了，身後還有麻煩。」秋月接著將楊忠烈出事的緣由，約略說了一遍。

「這太慘了！家裡還有風中之燭的老太太，看來遲早不保，一旦倒了下來，讓她們母女怎麼辦呢？」

聽得這話，秋月與錦兒不約而同地看了一眼，錦兒便說道：「原來是我做的媒，如今我要打退堂鼓了。這親結不得，不然就是我害了太太。」

「那怎麼談得上？」

「怎麼談不上？你倒想，一成兒女親家，楊家的老人人能不管嗎？」

曹雪芹不做聲，低下頭去夾了一塊粉蒸雞，剛要送入口中，突然抬頭說道：「就不是親戚，也不能不管。」

「這是什麼道理？」

「就算萍水相逢，遇到這種事，也應該盡力幫助，而況有此

一重因緣。」

錦兒笑笑說道：「看起來你倒跟楊小姐有緣，也許天生你就喜歡那種樣子的人。」

秋月說道：「凡事你也不能由著你的性子，因為親事不是你一個人的事，你要為全家著想。」

「為全家著想，名聲最要緊。原來說得好好的，只為人家遭了難，咱們就不提這回事了，不顯得太勢利嗎？」

秋月和錦兒都沒有想到，他會提出來這麼一個理由，而且一時也辨不清這是正理還是歪理，只覺得正面不容易駁倒。

當然，要辯道理還得秋月。她想了一會說：「事情是兩樁。譬如說，已經有了婚約，如今要悔約，彷彿嫌貧愛富似的，自然不是咱們家會做的事。可是八字不見一撇，還沒有著手事情就變化了，這又有什麼褒貶好落的呢？」

「話不是這麼說，只要心一動，就是種了因，必有個收緣結果。何況，已經約了人家來相看，怎麼說還沒有動手？」

「好！我再請教，假如相看不中呢？」

「那是另外一回事。不過就算那樣，彼此總還是有情分在的。」

說到這裡，錦兒有了主意，很快地接口說：「對！買賣不成仁義在，咱們就照這個宗旨辦事，當做相看不中。如今算跟楊家是久已相與的熟人，既然他家遭了不幸，照你的話說，應該量力幫助，送100兩銀子的奠儀，也很像樣子了。」

上官學的日子

這番話說得情理周至，辦法也是乾淨俐落，秋月佩服之餘，笑著說道：「現在我才知道，強將手下無弱兵，把震二奶奶教你的本事，拿出來了。」緊接著又向曹雪芹說，「我看就這樣子辦吧！你看怎麼樣？」

「你們都這麼說，我還能說什麼。」

「我們的話又不是聖旨！」錦兒很大方地說，「你如果有更好的主意，就聽你的。」

「沒有！」曹雪芹話雖這麼說，臉上卻有怏怏不快之意。

秋月不願意他受委屈，便又說道：「你心裡有話，儘管說出來，怕什麼！別悶在心裡，悶出病來。」

「沒有什麼！」曹雪芹自怨自艾道，「早知如此，也用不著害我昨晚上大半夜不睡。」

「為什麼大半夜不睡？」

「今天是『會文』的日子，我得把一篇『策論』寫好了才能來，哪知道撲了個空。」

一聽這話，錦兒「撲哧」一聲笑了出來。

曹雪芹索性說：「不管怎樣，讓我見一見，行不行？」

「行！」錦兒答得非常爽脆，但又說，「這一陣子人家有了白事，不能出門，等她服滿了我一定想法子讓你看一看她。」

曹雪芹心涼了半截。父母之喪，照旗下的規矩，百日服滿，要是以漢人的服制，三年之喪至少得一年以後才能出門。曹雪芹的這次相親算是不幸夭折了。

禁閉之下的文學創作

官學學習的內容，自然跟在南方讀家塾時沒有兩樣，一天到晚死啃封建王朝官定的教科書「四書五經」，寫刻板枯燥的八股文，以便為將來參加科舉考試做準備。

曹雪芹總算熬到官學期滿，在家人和親朋的逼迫下，曹雪芹後來硬是被他們舉薦做了貢生。按照一般封建士子讀書仕進的階梯，他應該進一步地去考取舉人，然後再考取進士。

曹雪芹的叔父，他的祖母和母親，也正是這樣寄希望於他的。可是被抄家的沉重打擊，變幻莫測的權勢爭奪，使他早已有點看破紅塵，覺得榮華富貴有如浮雲，轉眼成空，腐敗官場上無非是一群大大小小的騙子和強盜，他怎能與這些人為伍呢？

冬去春來，時序更易，一年又一年地過去。眼見得曹雪芹的年紀越長越大了，家裡人都為他的前程著急。

特別是他的叔父，對於他不求上進，於封建禮法多有怪論的不安分行為，甚為憂心和惱火，生怕這樣任其發展下去，會鬧出於宗族家庭更為不利的事體出來。

於是，對他的管束日見其嚴厲了，如限制他讀雜書，不讓他隨便外出郊遊等。但是，有限制就會有反抗。曹雪芹對於他叔父喋喋不休、滔滔不絕向他宣講的什麼程朱理學，仕進功名一套，真是聽得膩味極了，也嫌惡極了。有時聽得實在太厭煩

了，他便不免頂撞兩句，這就更加深了這對有著特殊的叔姪關係的兩人的矛盾，只是還沒有達到總爆發的地步。

鬱悶總得有個排解。曹雪芹把讀聖賢書、求功名置諸腦後，卻傾心於吟詩作畫、賞花舞劍、酌酒聽曲。恰好，他在景山官學的時候結識了幾個像他一樣喜歡聽曲看戲的朋友。

而景山觀德殿西北角，有一條巷子叫蘇州巷，歷年蘇州織造府為宮廷選送的優伶就都住在那裡。蘇州戲班演崑曲又最著名，曹雪芹得空約朋友一道，私下到這兒來。

先還只是看看戲，聽聽曲，廝混熟了，有時便作為票友客串演戲粉墨登場。乾隆時有人如此記述他：曹雪芹「不得志，遂放浪形骸，雜優伶中，時演劇以為樂。」

一次，一個來自江浙的戲團隊在吉祥戲院演出江南戲曲《梁山伯與祝英臺》。他們因為來自金陵，所以都知道京城裡的曹家是連任過 60 多年的江寧織造和蘇州織造的世家，喜歡聽南方的戲曲，所以開演首日，就送帖子到曹家居住的西城，盛情邀請他們全家來聽戲。女眷當然是不會去的，於是曹雪芹就隨著家人一起去了。

梁祝的故事，自 1,000 多年前的唐朝就開始流傳了。明朝萬曆年間的唱本《梁祝》以及《同窗記》、《相別回家》等，就已經有了戲曲的草本。到清朝時曹雪芹所看到的《梁山伯與祝英臺》，已經是一部有頭有尾的非常精彩的戲劇了。祝英臺女扮男裝，為的是尋求男女平等，女子可與男子一樣在書院裡習

書學文，可以反抗傳統的「父母之命，媒妁之言」，追求真正的愛情……戲臺上祝英臺的一言一行，與當時曹雪芹的思想是多麼合拍啊，他深深地被她迷住了……

扮演祝英臺的戲子名叫子都，藝名「豹官」。他的名字起得威猛，人卻生得細皮白肉，個子瘦長像個女孩兒一般，所以特別適合擔當戲曲裡的花旦。

曹雪芹約豹官在臺下相見，談得十分投機，才幾天工夫兩人便已經好得有點難分難解了。

一日，曹雪芹約了豹官，一起參加一個八旗子弟的聚會。曹雪芹高興，跟豹官合作，在酒桌間合唱了一段《樓臺會》。曹雪芹扮山伯，豹官演英臺，兩人竟是唱得絲絲入扣，將那酒樓裡所有的食客通通吸引了過來。

隨後曹雪芹又開懷暢飲，喝了不少水酒，漸漸地像是有點醉了，便想抽身而退。剛走到廊檐下，那豹官緊跟出來，將他扶住，問：「仁兄，怎樣了？該不會醉倒吧？」

曹雪芹見豹官如此相惜，更是留戀。他擔心豹官南歸之後，人地兩隔，無法見面，說不定日子一長就將自己忘記了。這麼一想便就傷感起來，一時竟不知怎樣才能留住這樣的好朋友。

後來一想有了，隨即從腰間解下一塊護身物——這是一件家傳的寶貝，遞到豹官手上，道：「我沒醉，只是高興，想與賢弟單獨待一下，多說點話。這件小東西，可是我的命根，你要小心收好了！」

豹官接過，見是一塊用上好翡翠雕成的釋迦牟尼菩薩頭像，就有點吃驚，道：「如此貴重的東西，在下怎敢接受？還是你自己隨身佩戴著的好！」

曹雪芹一聽便有點著急，連聲說：「怎可以如此說，怎可以如此說！」豹官見曹雪芹急得臉都紅了，便不再推辭，於是從衣袖中取出一把摺扇，遞給曹雪芹。

曹雪芹見此摺扇正是豹官在臺上唱祝英臺時所用的那一把，高興得不得了，將它收下後也隨手塞進自己的衣袖中。

曹雪芹和這些優伶的交際，讓他更加了解這類藝人的生活遭遇，為他日後《紅樓夢》中人物的塑造上提供了不少素材。《紅樓夢》中賈寶玉跟優伶琪官交往的描寫，大概就源自曹雪芹和豹官的交流。

沒有不透風的牆。這種混跡戲班與優伶為伍的放浪行為，終於有一天被家裡人知道了。

這下曹家可炸了鍋，從他的叔叔曹頫到母親馬氏，都幾乎被氣昏了頭。連親戚族人也同聲一詞地指責他，罵他「辱沒門風」，太不知長進，簡直視他為曹家的無恥敗類、混世孽種！

《紅樓夢》開卷第一回，有一段抒發作者憤懣的話：「背父兄教育之恩，負師友規談之德，以至今日一技無成，半生潦倒……」

這些話，切切實實包含著作者的一段極為痛苦慘淡的經

歷。父兄、師友，將給予他以怎樣的冷漠與懲處啊！

　　果然，他的叔父已經對他絕望，視他為皇朝、宗族的叛逆者，要像對付罪犯一樣，對他加以禁錮了。家裡人商量了一個辦法，騰出一間孤零零的空屋子，把曹雪芹關起來，讓他禁閉。

　　在封建社會裡，坐禁閉非同小可，曹雪芹無異於成了一個冒犯封建綱常倫理的犯人。清代皇帝管教那些不安分、懷異端，喜歡生事的本家宗室，就常常使用這種惡毒的懲罰手段。嚴重的在高牆圈禁，輕一些的在家單室禁錮，有的竟至被折磨得精神失常，成了瘋子。

　　看看曹雪芹所寫的《紅樓夢》第三十三回賈政如何教訓他兒子寶玉的吧！先是「一迭聲」地喊：「拿寶玉！拿大棍！拿索子捆上！把各門都關上！有人傳信往裡頭去，立刻打死！」

　　這裡所說的「有人傳信」，是指賈政怕賈寶玉的奶奶得到消息後，會親自出面來為寶玉說情，這樣他就無法發威，也就無法達到好好教訓他兒子的目的了。因為在他眼中，兒子在外流蕩優伶，表贈私物，在家荒疏學業，實在是太不求上進、太不聽話，行為也太荒唐了，所以他不讓別人插手，只是喝命：「堵起嘴來，著實打死！」

　　賈政一聲令下，那些小廝們便就「不敢違拗，只得將寶玉按在凳上，舉起大板，打了十來下」。就這樣賈政還嫌打輕了，一腳踢開掌板的，自己奪過大板來，又咬著牙狠命蓋了三四

下，直打得賈寶玉由臀至脛，或青或紫，或腫或破，竟無一點好處。

真是聲色俱厲，好厲害啊！要不是後來賈寶玉的媽媽和賈寶玉的奶奶聞訊來救，寶玉這討債兒子差一點被他父親賈政打爛屁股！

當然，這是曹雪芹筆下所寫的一幕。而當年的曹雪芹，也幾乎是為著這同樣的原因——「在外流蕩優伶，表贈私物，在家荒疏學業」，被他叔父罰關了足足３年的禁閉！

事情的起因，是因為那日曹雪芹與一幫朋友與戲子豹官在一起喝酒，後來曹雪芹與豹官在廊下又互贈禮物的情景，恰巧被曹雪芹叔父曹頫在內務府當差的一位同僚瞧見。

曹雪芹沒看見那位老伯也在同一家館子宴請朋友，而那位老伯卻注意到了。但當時那位老伯卻既不打招呼，也不聲張，只是在事後才悄悄地與曹頫嚼舌根子。

曹頫聽後，當時臉上就有點掛不住，因為他雖然知道兒子平日不喜歡讀經史子集這些正經書，只喜歡讀野史小說，不愛寫八股文章，卻熱衷作詩填詞兼畫畫，卻並不了解他在社會上有些什麼作為，如今知道他竟與這些戲子混在一起，豈不火冒三丈！

那時候，戲子在社會上的地位是非常低的，幾乎和要飯的、妓女一樣，是屬於下九流的行當。一般人若與他們交往，就已經被認為是很不光彩的事了，更何況八旗子弟。

　　他們自認為高人一等，是構成整個封建清王朝的社會的中堅力量。有這樣身分的人降格去與戲子交往，那不是自辱門庭嗎？因此，曹頫是絕對不會放過他的。

　　那時候曹雪芹的奶奶已經去世，他母親也不會有他在《紅樓夢》中所寫的王夫人那樣的能耐，所以，是不太可能有人來救他的。更何況，他又確實是將那一件祖傳寶貝丟了呢！

　　他的叔叔曹頫自以為這樣一來，就可以把曹雪芹制服了，甚至指望會有一天他回心轉意，向家人悔罪。

　　為了嚴加管束，除了門窗上鎖，派人監守外，還採取了所有能做到的一切斬斷曹雪芹塵緣的辦法。

　　在這間空房子裡，除了一桌一椅和一張眠床，所有的雜書一概搜尋淨盡，什麼《全唐詩》、詞曲小說，甚至包括他祖父的《楝亭詩鈔》在內，通通都不許看。

　　就連他平日形影不離的一支心愛的簫管也被沒收。只給他放了一套「四書五經」，要他面壁反省，孤燈伴影，兩耳不聞窗外事，一心只讀聖賢書。另外，特意放有紙、墨、筆、硯，那是要他多多練習寫八股文章，以便有朝一日能去科場應試。

　　清人趙烈文在《能靜居筆記》中有一段記載，說曹雪芹「素放浪，至衣食不給，其父執某鑰空室中，3 年遂成此書」。

　　這是怎樣難挨的 1,000 天啊！窗外春去秋來，花開花落，室內四顧高牆，日日如坐枯井。他哪有心思與興致去讀「四書

五經」這些所謂聖賢書，恨不得生出翅膀來，衝出這鐵屋子，飛向那寬闊自由的藍天。

他喜歡駱賓王的詩，面對幽閉的小窗，不禁吟唱起〈獄中詠蟬〉這首名詩：

西陸蟬聲唱，南冠客思深。
那堪玄鬢影，來對白頭吟。
露重飛難盡，風多響易沉。
無人信高潔，誰為表余心！

每當春燕呢喃，或秋蟬鳴唱，他便會回憶起少年時代在江南度過的那些明麗溫馨的歲月。秦淮河畔的樓館，寒山寺裡的鐘聲，祖父大書庫裡林林總總的藏書，祖母「萱瑞堂」堂堂皇皇的匾額。

更有那些見到的，聽來的人間奇案，關己的、不關己的家事糾紛，吏治的黑暗，官場的腐敗。

窮苦百姓的被盤剝、勒索，柔弱女性的被侮辱、蹂躪，小說裡讀過的生動曲折的故事，舞臺上看過的離合悲歡的場面⋯⋯這一切一切，像一幕幕生動的活劇，在腦海裡映現、演化、組合、疊印。情節漸次明晰、集中起來，人物的音容笑貌也越來越加鮮明，真真要呼之欲出了。

他研好墨，蘸飽筆，日日埋頭，奮筆疾書，要把這景、這情一股腦兒寫出來。寫到暢意處，禁不住發出琅琅笑聲；寫到

悲涼處，他又會像孩子一般地「嗚嗚」哭出聲來。他真是如痴如狂，醒如夢中，夢恍若醒，到了廢寢忘食的地步。

　　叔父等人見他天天伏案寫字，還以為他已經回心轉意，在刻苦讀「四書五經」，寫八股文呢！

　　其實，曹雪芹要寫出的是他積鬱胸中多年的情緒，一個封建大家庭的興衰榮辱。曹雪芹要把它寫出來，只有讓更多人看到一個封建家族的興亡，才能讓那些迂腐的書生們從封建思想的禁錮中解脫出來。《風月寶鑒》傳奇小說就是這樣產生的。

　　這本書也是《紅樓夢》的初稿。後世影響深遠的《紅樓夢》就是在《風月寶鑒》的基礎上創作得來的。

　　他以他的筆，傳出了他的心聲：這個世道已經到了它的末日，天之將傾，補是補不了的。它讓你透過風月場中的情債孽海，看到這個時代、這個社會患的已是不治之症。

　　禁閉，是不中用的。能禁錮住一個封建「叛逆者」的肉體，卻永遠禁錮不住一個封建「叛逆者」追求自由、平等，呼喚掙脫羈絆、回歸人性的心！

家道徹底走向衰落

事實上，不管是曹雪芹願意也好，不願意也罷，曹頫關他的禁閉也好，放任自流也罷，反正他們曹家因為受到一場大變故的牽連，已經再次，也是最後地宣告徹底敗落了！而且，再也不可能有中興家族的希望了。曹頫自顧不暇，哪還有心思來管曹雪芹！？

那麼究竟發生了什麼事，讓曹家再度遭難呢？那一場大事故，發生在乾隆四年。前面說過，康熙老皇帝本來是想傳位給皇太子胤礽的，由於胤礽自己不爭氣，其「皇太子」的身分中途兩度被廢，因而未能順利接上班，卻讓其四弟胤禛得勝，當上了雍正皇帝。也就是說，胤礽、胤禛本是同根生的親兄弟，現在因為大家都爭著想當皇帝，卻成了不共戴天的死敵了。

雍正只當了13年皇帝就死了，接著是他的兒子弘曆接班，弘曆就是當年的寶親王。弘曆聰明伶俐，深得康熙和雍正的喜歡，在雍正去世後，遺詔指定弘曆當了乾隆皇帝。

胤礽在他的弟弟當上皇帝之後的第二年就不明不白地死了。他死了，但他的兒子弘晳還活著，只是再也當不成皇帝了。

這也就是說，弘曆、弘晳本是一對嫡親的堂兄弟，他們本來應該是真正的至愛親朋啊！可是現在呢，舊恨加新仇，他倆又成了不共戴天的世仇了。

弘曆當上皇帝之後，為政顯得比較寬大、平和。這一方面可能是出於他的本性，另一方面，當然也想借此緩和一下歷年留下來的兄弟情仇。

不料這麼一來，讓弘晳他們這一幫世仇卻認為是有機可乘了。於是他們蠢蠢欲動，經多方的策劃、密謀、拉幫結派，到乾隆四年，以弘晳為首的一場謀反行動便爆發了。結果當然是以弘晳他們的失敗而告終，弘晳等人都被革去了王爵。

第二年，又有莊親王胤祿的兒子乘乾隆去外地秋獮之機，密謀刺殺，但由於皇帝出巡的安全保衛工作，做得極其嚴密，又沒成功。好了，這回叛黨全完了。

弘晳雖被從寬處理，但還是被關進了景山東果園那邊的高牆裡，永遠圈禁，生不如死。也就是說，弘晳他們這回可真正是永無出頭之日了！

但皇室內部的這種你死我活般的激烈爭鬥卻與曹雪芹家關係密切。曹家雖為家奴，但在清朝當差 60 多年，尤其祖上因為有太夫人當過康熙老皇帝的保姆，在金陵時又多次接待康熙皇帝南巡，一切都說明他們曹家也是有身分的人家。其親戚又都在皇朝做事，所以真正是「一損俱損，一榮俱榮」，是怎麼也脫不了關係的。

在此案發生的前一年，曹貴人已經被廢。曹家在皇宮內的保護傘徹底倒下了。王公貴族中的保護傘也紛紛倒下：傅鼐

因犯大錯丟官、坐牢，不久就病死在家中。在此案發生的後一年，被廢的老平郡王訥爾蘇去世。

　　曹家人再也沒人肯出面提攜了。隨著一場又一場政治鬥爭風暴的襲來，曹家的社會地位、經濟狀況更加惡化，曹家家族的最後一點門面再也難以維持，只有化整為零，各自分家過活。

　　而年已 20 多歲的曹雪芹，馬上面臨的就是人生的又一次考驗。他的家族衰敗了，他因此逐漸窮困潦倒起來。

一身才氣有君識

宗學結摯友，才氣有君識，除去江南夢，還有黃葉村。

—— 曹雪芹

宗學中對酒吟詩

當年禁閉幽居，並沒有讓曹雪芹大徹大悟、改邪歸正，相反，使他越加感到難以自容於這個封建家庭，這個黑暗腐敗的社會太陰森與可怖。

叛逆的根苗像插入土壤裡的種子，叔父曹頫及族人用盡各種手段管束他、制裁他，到頭來卻如同給這根苗灌水，他沒有被淹死，反而越加茁壯、挺拔了。

也正由於與當時社會相悖、叛逆的思想，曹雪芹一直也沒能考取個功名，也或說他從心底里就不想卑躬屈膝去考個什麼功名了！

乾隆九年，曹雪芹已年近 30 歲了。此時，母親已經病逝，曹雪芹決心離開叔父，另立門戶討生活去。

其實，哪裡還有什麼家業可分？分家後，他從東城遷到了西城，有段時間，他東家西家借住，淒涼情狀，於此可以想見。

生活無著，漂泊無定，總不是個辦法。在此之前，他已經結婚，有了妻室之累。為了養家餬口，經一位朋友的介紹，他終於在右翼宗學裡謀得一份差使，擔任的是文書抄錄之類職務。

宗學屬於皇家貴族子弟學校。清代在紫禁城的東西兩翼，分別設立了左翼宗學和右翼宗學兩個隸屬於宗人府的官辦學校。凡屬籍於宗人府的宗室子弟，均可以提出入學申請，經宗人府審核批准後，方可入內就讀。

　　課業內容設置有滿語和漢語兩科，讀書之暇還要演習騎射。皇家設立宗學的目的，當然是為了造就皇室本族人才，從而使大清基業永繼。

　　不過，還有深一層的任務，那就是教化和控制這些子弟，要他們安分守法，免得有朝一日禍起蕭牆，皇族內部自己亂了自己。宗學學生一律享有公費，每月由官府發給銀、米等生活費用，紙、筆等學習用具。所以，可以說宗學是教養世職官員的高等貴族學堂。

　　曹雪芹到右翼宗學當差，大概是在乾隆十年，他大概三十一二歲光景。到乾隆十五年他遷居西山為止，約在宗學任職有 5 年之久。

　　前面說過，宗學是皇家設立的官學，教習都是經過朝廷選，有著功名德望的人，頑固、守舊、迂腐是不用說的。這樣的環境裡，空氣必然死氣沉沉，像一座住著大大小小的和尚，只知在暮鼓晨鐘聲裡「哼哼」唸經的寺院。

　　但是，青年學生們並不人人都願意忍受這樣的約束，他們思想的野馬，怎能甘於受功名利祿的羈絆？更因為家庭背景，個人經歷又各有不同，所以，他們的個性表現和人生追求，差異也就相當的大。

　　其先祖有因為這樣或那樣的原因，被抄過家沒過籍的，被放逐蠻荒又遇赦遷回京城的，甚至族上有被賜死這樣大變故的。他們如春江的野鴨，社會的冷暖，人世的炎涼，都已經切

一身才氣有君識

身經歷過、體驗過。他們迫切渴望找得知音，希求有共同的語言和心聲。

「嚶其鳴矣，求其友聲。」曹雪芹在右翼宗學和敦敏、敦誠兄弟的交往與結誼，就屬於這種同是「天下淪落人，相逢何必曾相識」的同聲相求的朋友，雖然他們的身世際遇並不完全一樣。

敦敏，著作有《四松堂集》和《鷦鷯庵雜誌》等。敦敏、敦誠是同胞兄弟，父親名叫瑚玏，但敦誠在 15 歲時，過繼給了叔叔寧仁。他們同是和碩英親王阿濟格的五世孫。

阿濟格是清世祖努爾哈赤的第十二皇太子，和多爾袞、多鐸為同母所生養，足見其地位的尊貴和顯要。但是，努爾哈赤死後，諸皇子有 16 位之多。在爭奪皇位的鬥爭中，阿濟格由於行事不果，歸於失敗，以致被他的政敵逮捕、削爵、幽禁、抄家。終於還是對他不放心，最後賜以自盡。

由此可知，儘管敦氏家族與曹家的等級身分不同，他們一為皇室宗族，一為包衣奴隸，但是他們卻同樣有過被整治、被打擊、被抄家的慘痛經歷，同樣由於皇室內部爭權奪位的鬥爭而遭到殘酷的迫害。

在官家氣息濃重的宗學裡，曹雪芹之所以能和敦敏、敦誠兄弟一見如故，成為好友，恐怕就在於他們有著大致相同的家庭遭遇，從而有了心靈相通的思想感情基礎。當然，他們都愛詠詩作畫，賞玩傳奇戲曲，氣味稟性相投，也是促成他們建立

起牢固的手足情誼的橋梁。

敦誠寫過一篇〈閒慵子傳〉，曾這樣回憶他們兄弟與曹雪芹等人在宗學時交遊的暢意情懷：

常經旬不出；……或良友以酒食相招，既樂與其人談，又朵頤其哺啜，亦出，出必醉，醉必縱談。然談不及岩廊，不為月旦，亦不說鬼。

看來，他們是坐則接席，出則連輿，日日形影不離，投契得好像有永遠也說不盡的話、談不完的話題。這裡還特別申明，他們交談時，一不涉及朝政，二不品評人物，三不說鬼。這其實恐怕是此地無銀三百兩。

凡是了解清王朝皇室內部鬥爭從沒有止息過、清代的文字獄異常酷烈的人，都能體味出敦誠故意說這番話的苦衷。這正與曹雪芹在《紅樓夢》裡一再表白，他寫書「毫不干涉時事」，上面雖有些指奸責佞貶惡誅邪之語，也非傷時罵世之旨。

不過，敦誠這話也並不全是故意用障眼法。他是要說明，他們的話題是有範圍、有分寸的，絕不像當時有些狐朋狗友聚談時的言不及義。

敦氏兄弟和曹雪芹都很羨慕推崇晉代的高賢阮籍、嵇康，而阮、嵇之流在晉代那樣的亂世裡，就是以放浪形骸、佯狂自全、口不臧否人物自命的。相投的稟性，相通的思想，相一致的品格作風，使得他們的友誼與日俱深了。

一身才氣有君識

敦誠寫過一首〈寄懷曹雪芹〉的詩，深情追憶他們在右翼宗學朝夕相處那段難忘的歲月，其中有這樣的句子：

當時虎門數晨夕，
西窗剪燭風雨昏。
接羅倒著容君傲，
高談雄辯虱手捫。

……

詩句中所言的「虎門」，即指右翼宗學。《八旗經文·宗學記》云：「即周官立學於虎門之外以教國子弟之義也。」「數晨夕」，即經常朝夕一處敘談。「接羅倒著」，猶如今天常說的反戴著帽子、歪戴著帽子，表現人物的不拘小節和幽默詼諧。「虱手捫」，用王猛捫虱而談的典故。《晉書·王猛傳》載：「桓溫入關，猛被褐而詣之，一面談當世之事，捫虱而言，旁若無人。」表現出了王猛傲視權貴的名士風度。

這幾句詩，生動地寫出了曹雪芹與敦氏兄弟在右翼宗學朝夕相處時的高談雄辯與親密無間。特別是曹雪芹那善於談吐、倨傲狂放之態，被描繪得活靈活現。

這與當時人裕瑞在《棗窗閒筆》裡所描繪的曹雪芹「身胖，頭廣而色黑，善談吐，風雅遊戲，觸境生奇，聞其奇談，娓娓然令人終日不倦」的記載，完全吻合，完全一致。

有一年中秋節的前一天傍晚，敦敏、敦誠放學後都沒有回

家。他們約定，今晚要乘月與曹雪芹等人在庭院裡一聚。

　　宗學的西廂是三明兩暗的 5 間房子，平時用來作教師們的休息室，晚間改作職雜人員的宿舍，曹雪芹就住在那間偏房裡。廳前種有兩棵桂花樹，當時花期正盛，幽香四溢。愛開玩笑的敦誠，一見到曹雪芹便打趣地說：「芹圃，你身居桂殿蘭宮，福分不小啊！」

　　曹雪芹當然明白這是雅謔之語，於是故意昂頭挺胸，邁開方步，口中唸唸有詞地說道：「朕……」

　　還未待一個「朕」字出口，只見敦敏早搶上一步來，用手捂住曹雪芹的嘴巴：「禍從口出，嘴巴上可得有個門把的啊！」敦敏小聲說。

　　三人相視大笑。朗朗的笑聲，迴響在空闊的院落裡。

　　「曹雪芹，說正經的，你對人生到底怎麼看？你關於人的稟賦有正有邪之論，可以說得更具體一些嗎？」敦誠拾起前次沒有講完的話題問道，大有書歸正傳之意。

　　曹雪芹看敦誠問得認真，嗽一嗽嗓子。擺開長篇大論的架勢，有板有眼地回答說：「敬亭問得好。這幾天我正思索這個人生大課題呢，準備寫進我的書裡去。那是我寫的一部長篇小說，叫《石頭記》。概而言之，天地人生，除大仁大惡兩種，餘者皆無大異。若大仁者則應運而生，大惡者則應劫而生。運生世治，劫生世危。堯、舜、禹、湯、文、武……皆應運而生

者；蚩尤、共工、桀紂、始皇、王莽、曹操……皆應劫而生者。大仁者修治天下，大惡者擾亂天下。

「清明靈秀，天地之正氣，仁者之所秉也。殘忍乖僻，天地之邪氣，惡者之所秉也。若正邪二氣相遇，則正不容邪，邪復妒正，其氣必賦之於人……正氣若生於詩書清貧之族，則為逸士高人；若生於薄祚寒門，則必為奇優名倡。」

敦敏聽得將信將疑，便插話問道：「那麼，依你之言，豈不『成則王侯敗則賊』嗎」？

「正是這話！」曹雪芹應聲擊掌，斬釘截鐵地說。

關於這一大段正邪兩賦的宏論，曹雪芹後來果真寫進了《紅樓夢》的第二回裡。借書中人物賈雨村之口，和盤托出，表達他王侯實等同於盜賊的極為大膽的看法。

曹雪芹在宗學當差，只是一個小職員，事情並不算繁重。他除了經常和敦敏、敦誠這些相好的朋友聚談之外，空餘時間正可以用來繼續從事他的小說創作。

隨著年齡的增長，生活閱歷的加深和視野的擴大，他逐漸對封建大家庭的榮衰升沉有了進一步的認識，把自己家庭、身世的遭遇放到整個社會的大環境裡去考察。他感到以前寫下的《風月寶鑒》那個稿子，未免太局限了，還沒有跳出個人一時感情用事的圈子。他決定重新改寫。

改寫，談何容易！他心裡明白，這是一項艱巨浩繁的工

程，對往昔生活再過濾，對種種人情世態再認識，一個觀念在他的頭腦裡日益明晰：大廈的傾頹是無可挽回的。無可奈何花落去，我也只能扮演一個唱輓歌的角色了。

於是，他根據新的構思，重新結構故事情節，安置矛盾衝突，讓各個人物根據他們自己的性格邏輯，去言，去行，去走完他們的人生之路。新的構思中，除了包含了原稿裡對封建貴族腐朽生活的揭露，還努力突出了對正面人物的描繪，對理想的追求與歌頌。

這樣，輓歌就不完全是哀傷和消沉了，你方唱罷他登場，世界總會有一日要改觀的。曹雪芹並未能夠作出合乎歷史發展的回答，因為他只是個文人，並不是思想家。

由於思想接近，情趣相投，曹雪芹和敦氏兄弟一起飲酒，一起高談雄辯時，論題的範圍實際是相當寬廣的。議論經史，賞析奇文，探幽析微，相互切磋，曹雪芹總能比他們觀察得更為深透，言之更為切中要害。當然，曹雪芹確也大他們不少。敦敏比他小上 10 多歲，敦誠則更小。

試想，曹雪芹能在《紅樓夢》裡借書中賈寶玉之口，大罵一心求功名的人為祿蠹，罵官場贓官惡吏為狗男女，憎惡讀「四書」，憎惡寫八股文，反對扼殺人才的科舉制度，公開提出質問：「難道狀元就沒有不通的嗎？」

那麼，在與無話不可以說的知心朋友中間，高談縱論這種

種黑暗惡濁的怪現狀，就是很自然的事了。白紙黑字，尚且哪管世人誹謗！私下談吐，必更能暢意抒懷，狂放不羈。所以，敦誠才會有「接羅倒著容君傲，高談雄辯虱手捫」那樣的令人動情動容的詩句。

有一回，敦敏、敦誠和曹雪芹一起閒談，不知怎麼一扯，扯起曹雪芹的名號來了。

敦誠問：「芹圃兄，你的小名曹霑，自然是沾潤皇恩之意了。那麼，號芹圃呢？參加科考，入泮謂之採芹。《詩》云：『思樂泮水，薄采其芹。』大號芹圃，這人豈不是要讀書做官嗎？」

曹雪芹輕蔑一笑，說：「長輩們的意思，自然是這樣的。不過，如今我已經是背父兄教誨之恩，於國於家無望之人，還說這些做什麼？」

「所以，你後來就又自號曹雪芹、夢阮。夢阮不用說了，追慕阮籍的狂放不羈。你的性格確也是狂於阮步兵的。曹雪芹這雅號，可不是從蘇轍的〈新春〉詩『園父初挑雪底芹』取來？」

曹雪芹看了敦誠一眼，笑而未答。還是敦敏長弟弟幾歲，看的書多，讀的詩多，經的世事也多，便糾正敦誠的話說：「你恐怕只知其一，不知其二。蘇轍的詩倒是道出了『雪底芹』高潔、耐寒的情操，可要象徵曹雪芹兄的勁挺傲骨，恐怕就不那麼貼切了。依我看，怕是取自範成大『玉曹雪芹芽拔薤長』的詩句。」

曹雪芹仍是一笑，搖搖頭，好像是故意引而不發。禁不住敦誠的再三催問，曹雪芹才從容吟誦出下面四句詩來：

泥芹有宿根，一寸嗟獨在，
雪芽何時動，春鳩行可膾。

「妙！妙！這不是蘇軾《東坡八首》裡的句子嗎？蘇東坡因為牽進『烏臺詩案』，被捕入獄，差一點要了性命。《東坡八首》是在出獄後貶官黃州時作的。據蘇東坡事後說，吏卒到他家搜查，氣勢洶洶，他家老老幼幼幾乎要嚇死。家人趕快把他的書稿全部燒燬，才算沒有再被抓住什麼新的把柄。抄家以後，親戚故人多驚散不顧，蘇軾也算長了見識了。曹雪芹，你真是心藏萬端啊！這鳩鳥之比，雪芽之喻，直罵得痛快淋漓，佩服，佩服！」

敦誠思忖半晌，方恍然大悟，益覺得曹雪芹有骨氣，有學問，禁不住走上前去，拍拍曹雪芹的肚皮說：「你這裡面跟蘇東坡的肚腸一模一樣：一肚皮不合時宜！」

「哈哈哈……」他們幾人笑作了一團。

敦誠這後一句話，引的是蘇東坡的一個笑話。明人王世貞編《蘇長公外記》裡，記有一則蘇東坡平時與人調謔的趣事。

東坡一日退朝，食罷，捫腹徐行，顧謂侍兒：「汝輩且道，是中何物？」一婢遽曰：「都是文章。」坡不以為然。又一人曰：「滿腹都是見識。」坡也未以為當。至朝雲，乃曰：「朝士一肚

皮不合時宜。」坡捧腹大笑。

　　說到這裡，曹雪芹收回話題道：「莫談了，莫談了，咱們違犯談約三章了吧？好，各罰酒一大杯。敦誠，快去我的寢室裡取來南酒，待會兒宅三、復齋他們還要來，大家好邊飲酒邊賞月，邊作詩消遣。」

　　宅三、復齋也都是曹雪芹在右翼宗學裡結識的朋友，他們聯吟結社，經常詩酒唱和，成為一時之盛。

酷愛頑石的大詩人

　　在封建社會裡，讀書人求「功名」才是正途，淪落到寫傳奇小說，作稗官野史，甘與引車賣漿者流為伍，那就代表著走到末路了。

　　所以，曹雪芹的詩名遠遠大於他小說家的名聲。但令人奇怪的是，他的詩卻未傳世。

　　曹雪芹的詩作得好，「野鶴立雞群」，人們不能不佩服。敦敏、敦誠兄弟不用說了，除此之外，凡與他有過文字交往的朋友，沒有不推崇和敬服他的詩才的。

　　他在右翼宗學，與敦敏、敦誠、卜宅三、寅圃等人「聯吟結社」時，切磋之中，曹雪芹便成了這個詩歌團體的盟主。

　　敦敏、敦誠等人，都曾不止一次地在唱和中，稱頌過他們心目中這位詩界泰。

　　敦敏稱揚他「詩才憶曹植」，敦誠誇說他「詩追李昌谷」。
這樣說猶有不足，敦誠又在另一首〈寄懷曹雪芹〉裡稱說道：
「愛君詩筆有奇氣，直追昌谷破樊籬。」意思就是說，曹雪芹的
詩，不僅像唐代著名詩人李賀的詩那樣好，富有新奇的意象，
而且還有所超越和有所突破，氣象更為瑰奇宏大。無論從作詩
還是做人，敦誠都是最為佩服曹雪芹的。

　　令人遺憾的是，曹雪芹生前寫下的大量詩歌，竟基本上沒
有遺留下來。即使後人搜求到了個別殘篇斷章，還是沾光夾在
幾位友人的文稿中，才僥倖保存到了今天。

　　這是怎麼回事呢？原因恐怕有以下兩點。

　　第一，他的詩不輕作。他遷居西山後結識的一位朋友張宜
泉就說他：「君詩曾未等閒吟。」

　　第二，他的詩不妄作。敦誠由衷稱讚他：「知君詩膽昔如
鐵，堪與刀穎交寒光。」試想，這樣的擲地迸火而有聲的書憤詩
作，在文禍甚熾的清朝，誰敢收藏？誰敢傳布？統治階級又怎
麼肯於讓它存在並傳之久遠呢？

　　幸好，還有他的偉大著作《紅樓夢》在。曹雪芹正是以詩
人的氣質稟賦、詩人的胸懷膽識來寫這部大書的，《紅樓夢》通
篇都洋溢著濃郁詩情。

　　再者，翻開《紅樓夢》，配合人物個性的刻畫，人物思想
感情的表達，幾乎回回都穿插有十分精彩的詩。一篇〈芙蓉
誄〉，一曲〈葬花詞〉，乃至「警幻仙曲演紅樓夢」的 12 支曲

子等，可以說首首都是精品，首首堪稱絕唱。

　　據說是曹雪芹紅顏知己的那個脂硯齋，歷史上第一位紅學權威，她在一條批語裡就曾說道：「余謂曹雪芹傳此書，中也有傳詩之意。」那麼，如果想賞鑒曹雪芹的詩才，用心讀一讀《紅樓夢》裡的那些詩，未必不是一個途徑。

　　敦誠比曹雪芹小很多歲，他是一個極為勤學的青年。他受曹雪芹的薰陶和影響最深，在曹雪芹的指導下，不僅作詩進步很快，還跟著曹雪芹喜歡起傳奇戲曲來。

　　有一年的冬天，敦誠閒暇無事，決意把唐代詩人白居易的一首長篇敘事詩〈琵琶行〉，改編成為傳奇戲曲演唱。

　　〈琵琶行〉敘述的是一件實事。白居易在元和十年，因為受到把持朝政的宦官集團的排擠陷害，被貶謫到九江郡做江州司馬。一年的秋天，到溢浦口送客人，忽然聽見停泊在江岸上的一艘船的船艙裡，傳出彈琵琶的聲音。聽起來這聲音好耳熟，像是曾在京都長安聽過的曲子。

　　於是，白居易就派人去邀請這位彈琵琶的女子下船一見。相問之下，才知道她確實原是長安的一位名妓，因年長色衰，委身嫁給一個商人做妾。白居易跟少婦談得很投契，於是就邀她入席。

　　為助酒興，這女子慨然抱琴，一連彈了幾個曲子，很使白居易感動。琴聲停歇一下來，這女子觸景生情，不由得訴說起

自己半生的浮沉坎坷和不幸身世。這使白居易敏感地聯想到了自己近年的遭遇，頓時生出官場險惡和無罪被貶的憤憤不平心緒。

「同是天涯淪落人，相逢何必曾相識。」於是有感而發，含淚寫下了長篇敘事詩〈琵琶行〉。

敦誠懷著一種對白居易，也是對天下所有遭到過不公正待遇的人的同情，很快把全劇改編好了。當然，「借別人酒杯，澆自己塊壘」，恐怕敦誠也是有感於自己家世的敗落，鬱鬱不得志，因而借題發揮的吧！

為了聽聽朋友們的意見，他把編好的傳奇腳本拿給自己許多最要好的朋友去品評，並請大家乘興題詠。

大多數朋友都是從「同是天涯淪落人，相逢何必曾相識」這樣的懷才不遇的心態和角度，也來個借酒澆愁，措辭題詠或題跋的，因為這確實是那個時代不少文人共同有過的遭遇。

他的哥哥敦敏的題詞便是這樣：「紅牙翠管寫離愁，商婦琵琶溢浦秋。讀罷樂章頻悵悵，青衫不獨濕江州。」老實說，有點落了俗套，不能從故事情節本身超脫出來、萌發新意。

唯獨曹雪芹的題詠另取一路，立意格調特別新奇，令人拍案叫絕。可惜全詩已見不到了，只在敦誠的一則筆記裡，留下了這樣一點影子：「余昔為白香山《琵琶行傳奇》一折，諸君題跋不下數十家。曹雪芹詩末云：『白傅詩靈應甚喜，定教蠻素鬼

排場』，也新奇可誦。曹生平為詩，大類如此，竟坎坷以終。」

真是奇思異想，石破天驚。多麼鮮明的感情色彩，多麼活脫瑰奇的意象！白傅，就是白居易。因為他曾官居太傅之職，故又稱他白太傅。蠻、素，即小蠻和樊素，係指白居易生前寵愛的兩個能歌善舞的侍女。

這兩句詩的意思是說：白香山這位多才又多情的詩人，如若在九泉之下，聞得敦誠把他的得意之作〈琵琶行〉改編成了一出傳奇戲曲，必定分外高興，一定會立即喚來仍追隨著他的小蠻和樊素，教她們塗粉施朱，輕歌曼舞，排演這出梨園絕品呢！

不發感傷，沒有牢騷，詩人完全沉入到了詩的王國漫遊，竟生出陰陽兩界相通相應的奇想。從容驅遣，似不著力，卻能出語新奇奪人。難怪當日題跋者不下數十家，敦誠卻入眼便為曹雪芹的題詠所傾倒，在日後回憶起這段往事時還特為引述，成為壓卷之作。

大凡古代文人中的高潔之士，都崇尚大自然，熱愛大自然。有的還愛之成癖，把自然界中的一木一石，看成是人格的象徵、生命的化身，自己做事傲物品性的寫照。

曹雪芹一生最鍾愛石頭。不管是綺麗的五色石，還是樸拙的鵝卵石，乃至青山巨石、嶙峋怪石，他無不珍愛，視若生命。他的巨著《紅樓夢》的整個故事，就是從青埂峰下的一

塊鮮瑩明潔的石頭引出來的，以致書的原名本就叫做《石頭記》。就連小說的主角林黛玉，也和一塊黑色的黛石有著深刻的淵源。

曹雪芹能詩善畫，只要他提起畫筆來，總少不了先要潑墨運毫，取石頭移入他的畫幅。這可由敦敏的〈題曹雪芹畫石〉一詩為證：

> 傲骨如君世已奇，
> 嶙峋更見此支離，
> 醉餘奮掃如椽筆，
> 寫出胸中塊壘時。

原來，曹雪芹的畫石，也是「借他人酒杯，澆自己塊壘」，有所寄思，有所寓托的。他創作《石頭記》，叫石頭點頭說話，都是為了借自然之石的堅頑不屈，盡抒胸中坎坷不平之氣。

難道「醉餘奮掃如椽筆」，就只是說他作畫嗎？他有沒有頌石的詩篇呢？

說來也算有幸，近年在文物考古和蒐集曹雪芹佚著工作中，還真新發現了曹雪芹的一首〈題自畫石〉的詩。那是在富竹泉氏撰《考槃室札記》裡，披沙淘金而找到的。這則札記是這麼記載的：

某年曾於某貝子家中，見曹雪芹詩畫筆記多種，其中有曹所繪巨石一幅，並自題詩云：

一身才氣有君識

> 愛此一拳石，玲瓏出自然。
> 溯源應太古，墮世又何年。
> 有志歸頑璞，無才去補天。
> 不求邀眾賞，游灑做頑仙。

詩句清麗，並不難懂，含義也很明晰，作者借「一拳石」的被冷落以自比，表達遺世獨立、瀟灑自守，不求邀眾賞的高潔志向。有趣的是，西郊香山一帶還真有關於「一拳石」的傳說，世居香山的白欒亭老人早年講過「一拳石」的故事。

他說：「咱們香山園子森朝笏石壁上就有『一拳石』三個大字，那是照乾隆的字後刻的。真正的『一拳石』在圓明園，那兒有塊山子石，上邊是乾隆皇上御筆寫的『一拳石』三個字⋯⋯」

還有傳說「一拳石」就是今天仍棄置在櫻桃溝附近路旁的那塊嶙峋怪石。這地方離曹雪芹移居西山後居住的白家疃村不遠，或許正因為曹雪芹天天見這塊怪石頭，相看兩不厭，久藏胸中，終於揮筆，橫掃成畫，高吟成詩的吧！

這說明曹雪芹畫的「一拳石」是有實物依據的。畫猶不足，更題詩以詠之，詩畫映襯，相得益彰，成為文學史上的一段佳話。

曹雪芹詩歌創作的高深造詣，是和他的家學淵源分不開的。他的爺爺曹寅就是清初很著名的一位詩人，他的父親曹頫、叔父曹頫也都能寫詩。

酷愛頑石的大詩人

　　特別是爺爺曹寅，雖說曹雪芹其生也晚，不曾見到過爺爺，卻對他一生影響最深，對他詩風的形成和發展，影響也最大。曹雪芹從少年時起，就愛讀爺爺的詩歌集《楝亭詩鈔》，幾乎是奉為範本讀的。

　　他曾照著爺爺詩集中的吟詠，去蘇州、揚州尋跡覓蹤，用心體察、吟詠，悟出了詩與生活、詩與現實密不可分的關係，學會了煉意、煉字的本領，養成了清新、謹嚴的詩風。

　　詩人朱彝尊在給《楝亭詩鈔》寫的序文裡說：「楝亭先生吟稿，無一字不熔鑄，無一語不矜奇。蓋欲抉破藩籬，直窺古人窔奧，當其稱意，不顧時人之大怪也。」把這幾句話移過來評賞曹雪芹的詩，也是很貼切的。

　　曹雪芹師法前人，卻又不落前人窠臼，他「詩筆有奇氣」，絕不人云亦云，這分明都有著他爺爺的詩品和人品的影子。

　　當然，曹雪芹尤善於博采眾長，屈原的騷賦，陶淵明的田園詩，阮籍、嵇康、李白、杜甫、蘇軾……都是他所推崇的。

　　他在博采眾長方面，確實是做到了如杜甫所說：「不薄古人愛今人，清詞麗句必為鄰。」這樣，百川匯海，他的詩歌創作才有可能出於藍而勝於藍。

　　這有他的詩論為證。曹雪芹並沒有獨立完整的詩論著作保留下來，而散見於《紅樓夢》裡。他借書中人物之口表達的詩歌創作主張，還是很有些個人獨到見解的。最有代表性的應屬《紅樓夢》第四十八回，黛玉教香菱作詩一段文字。

一身才氣有君識

關於詩的內容，他主張第一立意要緊，若意趣真了，詞句不用修飾，自是好的，這叫做不以詞害意。

關於詩的形式，他主張大致押韻，合乎平仄就行，格調規矩竟是末事；詞句新奇為上，若果有了奇句，連平仄虛實不對都是可以的。

關於學詩的門徑，曹雪芹主張多讀前人的名作，廣泛涉獵，博采眾家。他借林黛玉之口說：

你若真心要學，我這裡有《王摩詰全集》，你且把他的五言律讀一百首，細心揣摩透熟了，然後再讀一二百首老杜的七律，次再李青蓮的七言絕句讀一二百首。肚子裡先有了這三個人做了底子，然後再把陶淵明、應瑒、謝、阮、庾、鮑等人的一看。不用一年的工夫，不愁不是詩翁了。

當然，林黛玉有自己的脾氣秉性的偏好，學詩是否必須從《王摩詰全集》學起當另作別論。不過，廣讀百家，各擅其宜，這倒恐怕確乎是曹雪芹學詩的經驗之談。

看來，曹雪芹詩筆有奇氣，詩膽昔如鐵，不是憑空而來的。除了他的生活經歷、人品、氣質之外，他在詩歌創作的道路上所下工夫之深，所用力氣之大，確也是令人欽敬的。

曹雪芹的詩文最大的特色就是可以用不同風格的詩詞詮釋不同的人物性格。比如《紅樓夢》中林黛玉的詩大多數都是以哀傷為內容的，薛寶釵的詩大多都是典雅大氣的。

失業後的窮困生活

　　曹雪芹在右翼宗學的歲月是他長大成人後生活最穩定的階段，隨著一些變故發生，也行將結束了。乾隆十五年，內務府對右翼宗學實行改組，不但人事方面要進行調整，校址也將遷到宣武門內絨線胡同新址。

　　曹雪芹與敦氏兄弟們日日剪燭快談、聯吟結社的事，終於引起了宗學的注意。試想，一個當差的內務勤雜人員，竟吸引了那麼多位學生在他周圍，對他欽服、崇拜，這豈不是跟宗學的正統教育分庭抗禮嗎？再說，皇室子弟崇拜一個包衣奴才成何體統。

　　恐怕還有一個原因，曹雪芹孤傲狂放，他的詩文談吐，確比不少有功名、頭銜的教師高明得多，這樣下去，教師們還會有臉面嗎？如此種種，宗學終於借了個因由，把曹雪芹掃地出門了。

　　曹雪芹失業了，沒有了正當的職業，就意味著沒有飯吃了。曹雪芹從此進入了一個十分困難的流浪的時期，這種處境也是他後半生的基本狀況。

　　他是一個公子哥兒出身的人，不懂得生計的事，也無經營之門路，甚至連衣食也不能自理，是需人服侍的廢物。這就是他自謂的天下無能第一了。

　　他很快就陷入了缺衣少食、舉目無援的困境。在極端的困窘折磨著他的時候，他發出了「富貴不知樂業，貧窮難耐淒涼」的感慨。

　　當時潦倒的曹雪芹，所能想出來的辦法就是求親告友，忍辱負重地求一個寄食借住之地，暫且勉強苟活。

　　平郡王府是第一處可以託身寄命的所在。姑母會疼憐他，收容他。平郡王府裡多了一個半個吃閒飯的窮親戚，原算不得一回事。有些難堪之言，遭受下邊人的白眼，難聽的話……這些世態炎涼的人間相，他領會了。

　　不幸的是平郡王福彭只活到乾隆十三年便去世了。福彭一死，府中情況隨之大變了，曹雪芹看情形無法再住下去，只好向姑母辭行，只好來到了岳父母家。

　　然而他在岳父母家的經歷並不很愉快。也許就有些像小說中封肅這個人對待他的女婿甄士隱那樣：「今見女婿這等狼狽而來，心中便有些不樂……士隱乃讀書之人，不慣生理稼穡等事……肅每見面時，便說些現成話，且人前人後，又怨他們不善過活，只一味好吃懶做等語。士隱知投人不著，心中未免悔恨……」

　　這種局面自然不能久長，漸漸便與岳父母家斷絕了來往。在無親友可投時，曹雪芹不得不住在廟院裡，此時的情況可真是每況愈下了。曹雪芹小時去過的古廟臥佛寺，那時是賞景，

如今成了貧無可歸的曹雪芹的寄居處。

　　住處是勉強有了，可是三餐沒著落。於是曹雪芹就靠寫小說來維持生計。可是寫小說是要用紙的，而他連紙也無錢去買。他就把舊曆書拆開，翻轉了頁子作為稿紙，每夜一個人挑燈寫作。

　　比寄食生涯略為強一些的，是他後來有了在富貴人家做西賓，也就是當家庭教師的機會。由於人人都知道他才學最富，罕與之匹，於是被「明相國」府請去做了西賓。

　　明府的主人明亮本人是通文墨的，能作小詩句，還能畫幾筆墨竹。但他對曹雪芹這樣放蕩不拘的人，未必喜歡，再加上旁人的嫉妒和誣謗，給曹雪芹加上了一個有文無行的罪狀。不久，明亮就把曹雪芹辭掉了。

　　被相府辭退了的曹雪芹，聲名大壞，沒人再敢請他了。曹雪芹在北京城內已無立足容身之地。曹雪芹做西賓時繼續寫人人皆知的《石頭記》，不少人愛看他的書稿，及至看不到下文時，就來催促他快些接寫下去。

　　曹雪芹每當此時，就對催書的人說：「你給我弄來南酒、燒鴨，我吃飽喝足，就給你續寫下一回！」

　　雖然生活慘淡，但他卻性格詼諧，善談，能令聽者終日忘倦。曹雪芹在無衣無食之際，自然也曾忍恥求告過自己的骨肉同胞和至親近戚。但是他得到的是辱罵多於幫助。

一時間，曹雪芹真是舉足無定，走投無路。不錯，京城裡還有幾家有身分的親朋尚未求到，但是，那寄人籬下的滋味可真是不好受。這條路絕不能再走。他不禁想起了杜甫在困厄時，沉痛吟出的悲涼詩句：

朝叩富兒門，暮隨肥馬塵，
殘杯與冷炙，到處潛悲辛。

拔旗歸營黃葉村

茫茫乾坤歸何處？他思前想後，看來京城內是決計待不下去了，只有出城了。那麼，舉家歸營吧！原來清朝時候，凡是在旗的人，當他在外面混不到事由了，唯一的歸宿就是拔旗歸營。

清兵入關，曾瘋狂實行圈地，除了皇室占有的稱皇莊，官僚貴族占有的稱官莊，一般旗人所得的分地則稱旗地。

北京西郊所圈占的旗地，按八旗的名稱劃分區域，每區都設有專人營理，稱為旗營。原屬於哪一旗的人，拔旗歸營後就只能回到哪個旗的旗營內。曹家隸屬於正白旗。

在一個風雨飄搖的秋日，曹雪芹打點行囊，攜著妻子回到西郊香山附近正白旗村落了腳。曹雪芹初到香山時，按照旗營的規定，他每月尚可以領到 4 兩月例銀，每季支領 1.7 石米，另分草房 3 間。

　　這點進項，生活用度自然很拮据。不過，這裡沒有城裡的喧囂，沒有烏煙瘴氣的人事糾紛，倒也落個清靜。

　　清秋時節，香山一脈楓葉染丹，與黃櫨樹金色的樹冠錯雜交織，遠遠望去，像一副織錦掛毯。

　　正白旗村也滿種的是黃櫨樹，如果站在山頂往下看，就像誰撐起的一把金傘，故又稱黃葉村。敦誠在〈懷曹雪芹〉詩裡曾詠道：

勸君莫彈食客鋏，勸君莫扣富兒門。

殘杯冷炙有德色，不如著書黃葉村。

　　這些詩句，正是對曹雪芹拔旗歸營回到西山後的思想和生活風貌的寫照。

　　他的《石頭記》在右翼宗學裡並沒有寫完，一些已經寫下來的章回，還有不少地方空著待補。曹雪芹的創作態度一向是很嚴肅的，一句詩斟酌未穩，一個情節甚至一個細節還沒有十分把握，他就空起來，待思慮成熟之後，再回頭補上。

　　他是經歷過大富大貴的人，但在飽經滄桑以後，已經體會到這人間的悲苦、世態的炎涼。他開始對過往的一切要重作思考，重新評價了。

　　在右翼宗學與友人交遊中，他了解到了更多的與他相近人家的盛衰變遷、坎坷際遇，這使得他能夠跳出僅僅局限在自家經歷的小天地裡，把《紅樓夢》裡所寫的人物、事件，放到歷

一身才氣有君識

史社會的大背景下來觀察把握，深一步挖掘出它的悲劇意義。這就促使他必須繼續積累生活素材，邊寫邊改。

《紅樓夢》第一回作者自白：「曹雪芹於悼紅軒中披閱十載，增刪五次。」這就證明這項浩大的工程，是在他晚年貧居黃葉村時最後完成的。

黃葉村厚待了作家。儘管生活是十分清貧的，有時候不免舉家食粥，但是，農民的真誠，民風的淳厚，給曹雪芹的思想與生活打開了一個新境界。

有一天，他路過漢民村落，看到村民們正在忙著收秋莊稼。米穀剛剛打下來裝好袋子，莊戶頭就挨家挨戶來討租了。

農民們哭著喊著向莊戶頭求告，訴說今年遭了澇災，收成不好，減收一點租金吧！沒有用，糧食還是一袋袋被強行裝車搶走了。就這樣，地淨場光，農民們一年的辛苦又落了空。

曹雪芹知道，莊戶頭搶走的糧食，轉手還要運送給作為他們主子的住在城裡的富貴人家。

早年，曹家也是這樣的。不過，那時候他不知曉農民種田有多艱難、生計有多困苦。

以前讀唐詩，每讀到「春種一粒粟，秋收萬顆子，四海無閒田，農夫猶餓死」這些句子，往往並不大去理會。現今，活生生的情景就擺在眼前，使他陷入了痛苦的沉思之中。

後來，曹雪芹在寫到莊頭烏進孝來賈府交租一節時，就好像那一日看到的悽慘情狀又浮現於眼前了。烏莊頭是為賈府經

營旗地的代理人，本身並不是佃戶。他向主子訴說：

回爺說，今年年成實在不好。從三月下雨起，接接連連直至八月，竟沒有一連晴過五日。九月裡一場碗大的雹子，方圓近一千三百里地，連人帶房並牲口糧食，打傷了上千上萬……

這本是如實反映的，卻不唯沒有獲得賈珍一點同情，反而被賈珍臭罵一頓，說他「打擂臺」，還惡狠狠地斥他：「不和你們要，找誰去要？！」

曹雪芹已經朦朦朧朧地意識到，整個貴族統治階級驕奢淫逸的生活，就是建立在那些一年四季脊背朝天，在地主的土地上當牛做馬，流血流汗，卻無法活命的廣大農民的肩膀上的。一旦這些農民的肩膀再也負擔承受不動了，他們就只有鋌而走險去做盜匪一條路，官逼民反啊！

他借書中人甄士隱之口說：「偏值近年水旱不收，鼠盜蜂起，無非搶田奪地，民不安生，因此官兵剿捕，難以安身。」恐怕這正是作家對大清朝局大廈將傾的預感。

經過一次次的修改，地主階級與農民之間不可調和的鬥爭這條暗線更加分明了。《紅樓夢》作為中國封建社會末世的一面鏡子，在客觀上確實反映出了深刻的階級矛盾和社會矛盾。

曹雪芹在鄉村的生活除了寫書之外，還有與塾師張宜泉的相識、結誼。這份友情給曹雪芹山村清居的生活，增添了新的樂趣與慰藉。

一身才氣有君識

　　張宜泉生於 1720 年，卒於 1770 年，內務府漢軍旗人，比曹雪芹約小 5 歲。他自言「先世曾累受國恩」，祖上曾因戰功授勛，但後來不明因為何故敗落了。足見他也是一個破落戶飄零子弟。

　　宜泉 13 歲喪父，沒過幾年，母親也死去，繼而遭到哥哥嫂嫂的虐待，被迫分居離開了家。好在他唸過書，流落到西郊來，便在農村私塾裡謀得個塾師職務。他嗜酒好飲，詩也寫得出色，留有詩集《春柳堂詩稿》。

　　他在詩稿自序裡感嘆身世說：「家門不幸，書劍飄零，三十年來，百無一就。」這跟曹雪芹在《紅樓夢》第一回「作者自云」所說的「半生潦倒，一技無成」，正是一樣的口氣。

　　張宜泉也是一個傲骨嶙峋、放浪不羈的人。他與曹雪芹的身世際遇有相似處，又都有著憤世嫉俗、傲世傲物的情懷，所以，一經相識，便一見如故，成了交往密切的朋友。

　　有時候曹雪芹來訪他，有時候他又去訪曹雪芹，兩人便「破灶添新火，春燈剪細花」，對飲暢敘，通宵達旦。兩人要是有幾天不見面，就會有如隔三秋的思念，企盼著「何當常聚會，促膝話新詩」。

　　他們的交誼連結，正在於能常聚會，得以有暢意抒懷的詩歌唱和。只可惜曹雪芹的詩沒留存下來，我們只能從張宜泉的詩篇裡，覓尋些蹤跡了。《春柳堂詩稿》存有一首題為〈題芹溪居士〉的七律，對曹雪芹作了熱情稱讚。

愛將筆墨逞風流，結廬西郊別樣幽。
門外山川供繪畫，堂前花鳥入吟謳。
羹調未羨青蓮寵，苑召難忘立本羞。
借問古來誰得似？野心應被白雲留。

曹雪芹結廬西郊，貧賤自守，以詩畫著述為樂事，張宜泉的詩描繪得多麼真切生動。

「羹調」、「苑召」用李白和閻立本二人的典故。李白號青蓮居士，唐玄宗召他為翰林學士，曾「以七寶床賜食，御手調羹以飯之」，初時甚得玄宗歡心。

閻立本為唐代宮廷畫家。有一回，唐太宗召他為宮廷畫花鳥，他急得汗流浹背，回家後深感慚愧，告誡兒子說：「勿習此末技！」張宜泉借用這兩個典故，意在稱讚曹雪芹有骨氣，寧受窮，也絕不去做那種供皇上役使的御用文人、御用畫家。由此還讓我們知道了一件事，曹雪芹遷居西山後，大約曾有人向宮廷畫苑舉薦過他，被他拒絕了。

飲酒唱和之餘，他們談得最多、也最投契的，恐怕還是時世。翻閱《春柳堂詩稿》，張宜泉筆下竟然數次跳出諸如「莫厭飛觴樂，於今不是唐」，「亭沼非秦苑，山河謳漢家」等這樣直言不諱諷怨當時貴族統治者的詩句。這與曹雪芹在《紅樓夢》裡借秦漢而諷喻當朝的思想感情，又是多麼驚人的一致！

曹、張二人相約同遊，寄情山林，還為我們留下了又一佳話。張宜泉教書、曹雪芹寫書之餘，相約遍遊香山一帶山林，

也是他們生活中一大樂事。

　　有一次，他們二人約定要去人跡罕至的一處野山坡尋幽探勝。這裡山勢險峻，林木茂密，幾乎沒有什麼道路可循，他們便各人找一枝樹枝權作為拐杖。他們就這樣翻崖越嶺，攀援而上，很有一些探險的味道。

　　漫山遍是黃松，兼有楓樹、榆樹、柳樹、黃櫨、柿樹、野漆樹，更有荊條、葛藤相纏附，鑽進密林子裡，蔭天蔽日，好像天色一下子黑了下來。偶爾遇見一兩個山民，有的用繩子繫在崖畔上，在懸空採藥；有的掄著一把鈍斧頭，「哐哐」地爬在樹上砍柴。

　　曹雪芹、宜泉二人走累了，便坐下來休息。乘機跟山民交談，才知道這些山民原本都是從平原地面逃租役躲進山坳裡來的。卻沒有想到，跑到這樣的深山老林裡，也並沒有跳出貴族地主老爺的手心。這不，採藥也好，砍柴也好，通通還得抵租交納上去。

　　待那位砍柴老人摘下裹頭的巾布，他們才驚異地發現，原來竟是一位老婦人！老婦人哭訴說：「唉，沒有法子啊！我家老頭子患了病，臥床不起。不出來撿點柴火，拾點野果子、榆樹皮什麼的，吃什麼呀？！命苦啊，作難死了！」

　　曹雪芹、宜泉禁不住連聲嘆息，勸慰了老婦人一番。曹雪芹還把隨身帶的一點乾糧和一把銅錢掏出來，通通放到老婦人

手裡，這才悵然離去。

　　二人一邊走一邊慨嘆。曹雪芹憤憤地對宜泉說：「『任是深山更深處，也應無計避征徭！』不獨唐代有此慘相啊！」

　　張宜泉痛楚地點了點頭，狠狠地說了一句話：「恐怕是於今尤甚！」

　　經剛才那位砍柴老婦人的指點，他們後來又翻過一道山岡，尋到了一處古剎遺址。據說，這地方原先叫做廣泉寺，如今頹壁殘垣，荒涼破敗，成了鳥獸棲息之地。曹雪芹有感於世事滄桑，不禁生出黍離之悲，隨即吟詠了一首七律〈西郊信步憩廢寺〉。

　　可惜，這首詩沒有留存下來。只有張宜泉的和詩〈和曹雪芹西郊信步憩廢寺原韻〉尚存。全詩如下：

　　君詩未曾等閒吟，破剎今游寄興深。
　　碑暗定知食雨色，牆頹可見補雲陰。
　　蟬鳴荒徑遙相喚，蛩唱空廚近自尋。
　　寂寞西郊人到罕，有誰曳杖過煙林。

　　值得注意的是，張宜泉既然說曹雪芹的詩「未曾等閒吟」，而且「寄興深」遠，那麼，我們有足夠的理由推斷，曹雪芹〈西郊信步憩廢寺〉一詩，必是充滿著弔古憑今、感時傷世、憂國憂民的思想感情。松濤滾滾，煙林蒼莽，兩位詩人曳杖前行，他們的心底該泛起多少不平靜的漣漪啊！

一身才氣有君識

這次深山險遊，給曹雪芹的思考新的觸動，也對他的創作做了新的補充。山民們的淳樸善良，山民們「已訴徵求貧到骨」的極端貧困情狀，使他更加深認識了這個世道的不平。

曹雪芹回到家裡，顧不得休息，隨即翻撿出書稿，重新修改了書中寫到劉姥姥的有關章節，特別是關於這個人物的身世、性格、言談舉止。他感到生活本身較之一切藝術都更為深刻。

《紅樓夢》第四十一回，鴛鴦考問劉姥姥，問她這盛酒的木質大套杯，到底是什麼木做成的？劉姥姥答道：

我們成日家和樹林子做街坊，眼睛裡天天見他，耳朵裡天天聽他，口兒裡天天講他，所以好歹真假，我是認得的。

這麼質樸生動而又極富有個性的農家語，也應是山居生活恩賜給作家的。離開生活，作家是編不出來的。

做風箏的「大師」

風箏本係玩物，富家子不惜百金求購，足以玩物喪志；貧寒人巧手扎糊出售，正可以此療饑。曹雪芹授藝，一片誠心，一片愛心，博愛情懷，實實感人。

大約在乾隆十九年的嚴冬歲末的一天，北風呼嘯，大雪飄飛，天氣出奇寒冷。年關將屆，達官貴人、富商巨賈家裡，殺雞宰鵝，張燈結綵，都在忙著準備過年用的福禮，很有一些天地增福人增壽的喜慶氣氛了。

　　而曹雪芹一家卻清鍋冷灶，守著三間破舊的空屋，瑟瑟地蜷縮在一張繩床上。兒子一迭聲地喊：「媽媽，我餓，餓……」曹雪芹前日賣畫得來幾串銅錢，從集市上換回兩斗玉米，10斤麥粉，可那是安排過年的用度啊！

　　實在不忍看著兒子啼饑號寒的樣子，便吩咐妻子道：「去，給他擀碗熱湯麵。小孩子不禁餓，肚裡無食，天又這麼寒冷，會鬧出病來的。」

　　妻子看看兒子，回頭又看看曹雪芹，長嘆一聲，臉上現出些酸楚，從繩床上下來，低頭默默地走向灶臺去了。

　　不一下，灶膛裡騰起火苗，濕柴劈劈啪啪，濃煙從窗洞裡湧了出來。空氣裡瀰漫著一種蒿草的煙味，令人覺得身上好像也平添了一絲暖意。

　　正在這時，大門外遠遠傳來「咚、咚」的響聲，再仔細聽聽，才聽見有一種少氣無力的顫音：「芹圃，芹圃。」

　　曹雪芹就手捲起紙窗的一處活動垂簾，循聲向外張望，這才看清來人是一個肋下架著雙拐的中年漢子，蓬亂的頭髮，襤褸的衣衫，簡直像個乞丐。他趕快披上破披風，推門迎了出去，十分動情地朝來人喊道：「叔度，小心滑倒，我來扶你！」

　　這來人原是曹雪芹的一個老朋友，叫于景廉，字叔度。于叔度本也是江寧人氏，早先家居金陵時，他們就相識了。于叔度青年時候從軍，不想在征戰中受了重傷，失去了一條右腿。

病殘無依，流落異鄉，眼下也落腳到了京城。

一個殘疾人，兒女又多，要養活一家老小，日子過得分外艱難。幸喜他早年學過丹青，擅長繪畫，雖說不上畫得怎麼好，擺在天橋的地攤上，有時也能換上幾文錢餬口。可近些年年景不佳，人們普遍感到生活困窘，誰還有閒錢買字畫呢？這不，一連三天家裡斷炊。萬般無奈，他才冒雪一瘸一拐地來找好友曹雪芹求助。

曹雪芹一看昔日的老朋友于叔度竟淪落成這等模樣，內心裡頓時升騰起一腔憐憫與悲憤。叔度因征戰致殘，也算於國家有過功勛的人，可如今……

這時，耳畔飄來若斷若續的一派鼓樂歌舞之聲，那是從健銳營裡傳出來的。快到新年了，官老爺們自然要排場排場，熱鬧熱鬧的。曹雪芹不由吟出唐代詩人高適〈燕歌行〉裡的兩句詩：

戰士陣前半死生，
美人帳下猶歌舞！

打個什麼仗！賣個什麼命！當官的拿士兵的血染紅了頂子，升官發財，士兵們死的死，傷的傷，到頭來貧病交加也沒人管。這世道多麼不公平啊！

曹雪芹把于叔度扶進屋子裡，撣去他身上的雪花，安頓他在桌前坐下。這時，正好妻子端著一碗熱氣騰騰的湯麵也進到

屋裡來。曹雪芹趕前一步,接過妻子手中的湯麵,遞給于叔度說:「叔度,快把它吃下去,喝點熱東西,身子就暖和了。」

于叔度一邊吃著湯麵,一邊訴說起來。原來,他是因為年關難過,萬不得已,這才找到曹雪芹門上來想想辦法的。

儘管曹雪芹此時日子過得也是捉襟見肘,吃了上頓沒下頓的,而他生性豪爽,意篤於友道,但凡自己有一口吃的,也要分半口給朋友。他指指床邊立著的一條布口袋說:「這不,還有兩斗老玉米,你先拿去,碾一碾喝粥,還可以喝上幾天的。對了,還有幾斤麥子粉,你也帶了回去,大年初一,給孩子們包一頓素餃子,這年不就過去了嘛!」

于叔度拉住曹雪芹的手,顫抖得半天說不出一句話。他知道,曹雪芹的日子也過得緊巴巴的,弄這兩斗玉米還不知道有多困難呢!曹雪芹看出了他的心思,便寬解地說:「不妨事,我再想想法子去。說實在的,朋友有求,自當傾囊相助。不過,這些年的光景,我也是王小二過年,一年不如一年了。我看,得想法子幫你謀個求生之路才是正理。」

交談間,說起京城近況來。于叔度憤憤地說:「咱們這些本分人家,窮得揭不開鍋,可我聽說某王府一位貴公子,為購買一隻風箏,一擲就是數十兩銀子。唉,若有這一半銀兩,也足夠我們這些人家一年半載的生活用度了。」

曹雪芹聽了于叔度這番話,頓時覺得眼前一亮。他雙手合

在一起，拍出了響聲：「好！我這裡就有扎製風箏的竹骨和紙張。于兄，咱們說幹就幹，我幫你扎它幾隻時新樣式的風箏，你不妨帶回城裡，到小市上去試賣試賣。」

曹雪芹這人，手巧心靈，又是丹青好手。剔竹、裁紙、裱糊、繪畫，用了兩天一夜時光，終於扎製出了4只分別繪有鷹、燕、魚、蟹的大風箏，形象逼真，栩栩如生。他向鄰家借來一頭毛驢，幫叔度把玉米、風箏等物放置停當，讓叔度騎著驢回城去了。

過了五六天，正是大年除夕這一日的中午，于叔度又興沖沖冒雪而來，鴨酒鮮蔬，滿載驢背。原來，他帶進城裡去的幾隻風箏，剛在小市上擺出，就圍上來了眾多的人品賞、讚嘆。有幾位紈絝子弟爭相購買，結果把價錢抬了上去，竟賣得了30兩銀子。

見到曹雪芹，叔度便解下腰間的褡褳，高高拎在手掌裡，朗朗說道：「芹圃，你真乃妙人！瞧，賣風箏所得，當共享之，咱們可以過一個肥年！」

自此，于叔度便以曹雪芹傳授給他的扎糊風箏的技藝養家餬口。生意日益興隆，後來還在宣武門外菜市口租了一間門面，扎售風箏，很有了一點名氣，人們都親暱地稱他「風箏于」。

後來，在于叔度多次催促下，曹雪芹用了近兩年時間，「譜定新樣，旁搜遠紹」，終於編定《南鷂北鳶考工志》一書。其

中有各式風箏的彩圖，有用淺近的近似於順口溜的韻文形式編寫的扎、繪風箏的歌訣。正文前頭，還有曹雪芹寫的一篇〈自序〉。他在〈自序〉裡詳述了編寫這本書的機緣：

　　曩歲年關將屆，臘鼓頻催，故人于景廉迂道來訪。立談間，泫然涕下。自稱『家中不舉爨者三日矣。值此嚴冬，告貸無門，小兒女輩，牽衣繞膝，啼飢號寒，直令人求死不得者矣。』聞之愴惻於懷，相對便咽者久之……

　　風箏之為業，真足以養家乎？數年來老于業此已有微名矣。歲時所得，也足贍家自給，因之老于時時促余為之譜定新樣。此實觸我愴感，於是援筆述此《南鷂北鳶考工志》……乃詳察起放之理，細究扎糊之法，羅列分類之旨，縷陳彩繪之要，彙集成篇，將以為今之有廢疾而無告者，謀其有以自養之道也。

　　後來，曹雪芹又陸續整理編寫出了有關治印、脫胎、織補、印染、雕刻、烹調等特種技藝的原理和製作方法的通俗文字，總名為《廢藝齋集稿》，流傳至今。作者明確聲言：此書係為廢疾而無告的窮民們撰寫的。

　　乾隆二十二年臘月二十四，懋齋主人敦敏邀請過子和、董邦達、曹雪芹、于叔度幾位朋友，來他的槐園一道鑒賞一幅古畫。殊未料及，這次賞畫之會，後來竟成了一個欣賞曹雪芹製作的風箏，超群絕倫的南鷂、北鳶展覽盛會了。

　　那還是在三四天之前的臘月二十。敦敏收到過子和一封簡

訊，說是可以約定在臘月二十四過府聚會，讓敦敏備一請柬，去請一請董邦達。

次日，天氣晴暖如春，是近幾年來年末臘盡之時難得的好天氣。敦敏一大早就起床離家，信步出了城，打算順便買一壇南酒，好為朋友們的聚會添些興致。

可是，一連走了幾家食品南貨店，也沒有挑上中意的陳釀花雕。又向前走至菜市口，見有一家紙店，便進去選購了幾張宣紙。正要走出紙店大門時，忽聽到傳來一陣十分耳熟的琅琅笑聲，不覺循聲尋視，竟出乎意料地在這兒遇上了多日不見的好朋友曹雪芹。不由分說，敦敏緊緊挽起曹雪芹手臂，便說說笑笑地邊走邊交談起來。

曹雪芹告訴敦敏：「那一年為于景廉紮了幾隻風箏，結果這老于竟真的以此為業了。這以後就常常邀請我，要我為他創紮時新的花樣。近一年來，又催促我逐類定式，畫出圖譜，寫出製作的規程。他的美意，是想讓我以藝活人。這不，前邊就到了老于的店鋪，不妨進去坐吧！

說話間，兩人來到一家舊裱糊鋪門前。曹雪芹正待要呼叫，于叔度已經拄著拐杖迎了出來。這敦敏本是個快言快語之人，剛進得門來，就急嚷嚷要看一看曹雪芹授藝紮製的風箏。

于叔度懷著一種感激和藉機炫耀一下的心情，一件一件，把曹雪芹親手紮製的和在曹雪芹指導下自己紮製的風箏精品，

都搬了出來羅列滿室。真個是五光十色，琳瑯滿目，爭奇鬥豔，蔚為大觀。于叔度一邊擺放著，一邊向敦敏述說曹雪芹教他學會糊風箏，救活他全家的往事，說到動情的地方，聲音都有些哽咽起來了：「當日若不是曹雪芹傳藝救我，我這把老骨頭早不知餵了哪裡的野狗了。」

曹雪芹在一旁趕快勸止說：「小事一段，那是咱們有緣分。何況，朋友之間本應有個通財之義。今後可千萬別再逢人便說這件事了。」

于叔度分辯說：「做人得有良心，我受了您的大恩，怎敢不唸著您的大德呢？像我這樣一個貧賤殘廢之人，數年來，賴此為業，一家人才僥倖無凍餒之慮。所以，我才一再懇求您為風箏定式著譜，好讓那些像我一樣有殘疾的人，也學會一技之長，藉以謀生，免得陷入伸手向人求告的窘境。」

曹雪芹點一點頭，慨然嘆息說：「叔度推己及人之見，我是深為同意的。不是過來人，哪會有這樣深切的感受呢！」

於是當下約定，翌日于叔度帶上這些風箏，赴懋齋之會，好讓董邦達、過子和這些老朋友們飽一飽眼福，也使敦敏家裡上下人等開開眼界。

臘月二十四這天，敦敏懋齋中廳的屋簷下面拉起了三根長長的繩子，長繩上掛滿了曹雪芹親手扎製的和在曹雪芹指導下由于叔度製作的各式各樣的風箏，有宓妃、雙鯉魚、瀏海戲金

一身才氣有君識

蟾、串鷺、比翼燕、蒼鷹……

一陣「咚咚咚」的腳步聲，董邦達風塵僕僕地闖了進來，一看這氣派場面，驚喜得簡直有些發愣，竟痴痴地指著一隻叫做「宓妃」的風箏詫異道：「這前面站立的妙齡少女，是誰家的女子呀？真是神品，乍一看跟活人一模一樣，令人嘆為觀止矣。」

他顧不得脫了披風，在簷下由東向西一一審視良久，口中嘖嘖不已。又見角落裡立著一隻「蒼鷹」，雙翅微翹，目光銳利，好像就要扶搖而上。

董邦達詼諧地對眾人說：「咦，怎麼把這敢與天公爭雄的『鷹』，委屈到這個偏僻角落裡了？曹雪芹，莫非你也要把他流放到黑龍江寧古塔去嗎？」在座的朋友都能聽出這話裡藏的機鋒，頓時發出一種快意的朗笑聲。

敦敏走了過去，輕輕把「蒼鷹」提過來，擺在了廳堂的正中央，與高潔自重、不染纖塵的「宓妃」並肩而立。曹雪芹擊節感嘆著，喃喃自語地說：「生我者父母，知我者邦達、敦敏！」

這一天的聚會，高潮是觀賞曹雪芹親手施放風箏。曹雪芹不僅有扎製裱糊風箏巧奪天工的絕藝，還是放飛各式風箏的行家裡手，他甚至有著上知天文、下知地理，觀天時、辨風向的豐富天象知識和經驗。

這一日天氣特別晴朗。吃罷午飯，眼看到了未時，即下午14 時左右，天氣卻毫無起風的意思。性急的敦敏有些火躁起

來，埋怨地說：「這鬼天氣，不想讓它颳風，它天天刮個沒完沒了，今兒個想叫它送點兒風來，它倒端起架子，紋絲不動了。看樣子，今兒個這風箏放不成了。」

曹雪芹嘻嘻一笑，不慌不忙地說道：「莫性急嘛。我剛才說過了，今日午後必有風起。你想，今早稍刮了一陣東北風，卯時過，風就停息了，中午又如此清爽無風。靜中孕育著動，我判定未時稍過，必有和風自西而東，申時左右將轉為西南風，刮向東北，變為宜人的清風。宋玉不是說過，風起於青蘋之末嗎？現時風力還較微弱，不易覺察罷了。此時，可以先放一些軟膀風箏，輕風托翅，也是很有可觀的。待西南風起，咱們再改放硬膀，那就更是好看了。」

敦敏聽了，頗不以為然，說道：「芹圃，你又不是風神，怎麼能知道一下必有風起呢？現時，毫無真正要起風的意思，莫非你還能呼風喚雨嗎？」

曹雪芹依舊從容不迫，耐心地解釋說：「呼風喚雨不可能，而颳風的規律是可以認識的。今晨勁風起於丑時，轉於寅時入卯時，見和風由西北而轉北，天明又轉到刮東北風。這正是京師地方冬季裡風向的常律。所以，我才敢斷言，略等一下必有風起。不信，你且等候。」

曹雪芹侃侃而談，說得頭頭是道。站在旁邊的董邦達，深懷敬意地看了曹雪芹一眼，感慨萬端地說：「芹圃啊，前人稱

一身才氣有君識

讚曹子建才高八斗，可惜他曹植只有文才。應該說你曹雪芹才高一石還要有餘呢！你的《石頭記》前不見古人，你淵博的雜學知識，恐在當世也算得上是『後不見來者』了。杜少陵詩句云：『試看古來盛名下，終日坎坷纏其身！』看來，從古至今，懷才者多不遇時，思之令人嗟嘆！」

董邦達話音未落，敦敏順手從地下撿起幾片樹上落下的枯葉，就手一揚，樹葉果然飄飄地向偏東方向飛了起來，眾人也同時感覺到臉上有一陣輕風拂過。敦敏興奮地喊叫道：「起風了，快放風箏去！曹雪芹，你真是個活諸葛啊！」

說話間，他們幾個人步出懋齋，托著風箏來到太平湖。湖邊風更溜一些，岸邊垂柳的枯枝有些舞動。他們準備先把「蒼鷹」放飛到天上去。

只見曹雪芹用右手捏住「蒼鷹」的頭向東北方向順手一扔，趁它向前衝去的餘力，左手一翻手腕子，滑開搖車，然後迅疾伸出右手順勢攏住了被風颳起的細鼠兒線，略略往回一帶步，轉身向著東北方向向上一揚，隨後又向右下方做了個半圓的滑線動作，只見這只「蒼鷹」在空中翻了個筋斗後，就掉轉了身子面向西南，對著風兒颯地一立，昂首朝著藍天一直鑽了上去。一下工夫，「蒼鷹」就越鑽越高，自由自在地翱翔於藍天之上了。

敦敏、董邦達、過子和他們簡直看得出神，入了迷，禁不住連聲讚道：「好啊，你曹雪芹稱得上是『窮且益堅，不墜青雲

之志』。這『蒼鷹』可以說也就是你曹雪芹的化身了。」一邊說著，一邊還鼓起掌來。

「蒼鷹」定在空中，曹雪芹把手中的滑輪交給了敦敏。自己又托起放在地上的「宓妃」風箏。

碧藍的天空，襯著遠處的疏柳，弓條遇風，閃閃飄動，有如風吹碧波，遠浪層層。風箏下面掛著許多小鈴鐺，在地面上聽起來，遠遠的猶似滾滾濤聲。

只見那「宓妃」款款凌波徐步，腰肢微微扭動，婷婷婀娜，風流嫵媚。觀者翹首仰視，一個個看得痴痴呆呆，宛如置身於仙境一般。

董邦達走到曹雪芹面前，拱手慶賀說：「絕技，絕技！我借用春秋時吳國公子季札的一句話說吧，真可謂之『觀止矣』！曹雪芹，曹雪芹，我要親書『巧奪天工』四字贈給你。此生能一飽這樣的眼福，也算不虛度了！」

接著，曹雪芹又放起了「串鷺」風箏。一串白鷺，逶迤升空，一下成一條直線，一下又彎曲為弧形，狀若游龍一般。董邦達對敦敏讚賞說：「曹雪芹以天為紙，畫了許多活動畫，這莫不是杜工部詩中形容的『一行白鷺上青天』嗎？」

敦敏在這次盛會後，寫下一篇題為〈瓶湖懋齋記盛〉的文字，〈小序〉裡曾這樣記述道：「觀其御風施放之奇，心手相應，變化萬千，風鳶聽命乎百仞之上，游絲揮運於方寸之間。壁上

觀者，心為物役，乍驚乍喜，純然童子之心，忘情憂樂，不復知老之將至矣。」

這些話確實出自肺腑，令我們今天的讀者讀了，也會神往於二百多年前這樣一個觀賞風箏的盛會啊！這樣，我們從《紅樓夢》中屢屢看到的、作者有關扎糊風箏、施放風箏的種種生動逼真的描寫，就會更感覺到它的真切、可信了。

關於曹雪芹與風箏，至今北京西山一帶，還流傳著一些美好動人的傳說呢！據說在乾隆十九年，正黃旗旗試，考放風箏。因為這年春間，京西一帶鬧蝗災，眼看長得綠油油的莊稼，轉眼之間，整片整片地被蝗蟲吃掉了。傳說風箏可以把蝗蟲引走，旗兵老爺就命家家糊風箏驅蟲，並且懸賞說：誰能驅走蝗蟲，兒子可以破格做官，另外還有重賞。

正黃旗有個孤寡老人萬奶奶，眼下只有一個 9 歲的孫子叫小順兒。小順兒的父親被迫去當兵征南，結果戰死在了異鄉。兒媳含恨上吊自盡，可憐只剩下這祖孫二人相依為命。現如今家家都得糊風箏交差，一老一小可該怎麼辦呀？

幸喜這萬奶奶認識曹雪芹，平時遇到什麼為難的事，只要老人家張口，曹雪芹從沒有回絕過。這會兒也只有再去向曹雪芹央求了。

萬奶奶帶著小順兒來到曹家，曹雪芹已猜出老人的來意，滿口應承說：「老人家，這個不難。放風箏治蝗蟲的辦法，還是

從南邊學來的。您回去準備線吧，越結實越長越好。我教小順兒糊風箏也就是了。正好，我這裡有現成的滑線車子，到那天治蟲時，我去幫小順兒放。」

過了兩天，風箏剛剛做好，蝗蟲果然鋪天蓋地飛來了。四鄉的人都奔跑出來，敲鑼打鼓的，焚香磕頭的，敲打著鐵鍋銅盆的，鬧嚷嚷亂作一團。

都統老爺也坐著轎親自出陣了，命大家快放起風箏，驅逐蝗蟲。一時間，千奇百怪的風箏全拿出來了，什麼「螃蟹」、「蝴蝶」、「蜈蚣」、「鍾馗」、「孫猴兒」、降妖的「法海」、破陣的「八卦圖」，形形色色，五花八門。

一聲銃響之後，各路人等排列開來，前頭一人高舉起風箏，後頭一人緊拉著牽線。可是，有的剛剛飛起一點就跌落下來，有的則只是在手中打轉，好像見這蝗蟲遮天蔽日的陣勢，先自怯了三分似的。

正在這時，只見曹雪芹幫助萬奶奶做的那架形似圓筒的風箏，在一根軸線牽引下，凌空而起，像是長有一雙銳利的眼睛，徑直鑽進了天空中的蝗群裡。

曹雪芹忙示意小順兒：「快，快往上套草圈。」小順兒就手把帶來的用羊鬍子草編成的草圈套在風箏線繩上，曹雪芹一拉一放地抖動著線繩，草圈像長了翅膀一樣，悠悠地飛了上去，不一下就鑽進了風箏筒裡。

原來，這羊鬍子草就像釣魚的誘餌，蝗群追逐草圈，一窩蜂地朝風箏筒裡鑽。眼見得風箏沉重起來，曹雪芹就勢收線，風筒迅速降下，及待曹雪芹接住風筒，就像倒豆子似的，把滿滿一筒蝗蟲抖落在萬奶奶早已點燃的一堆乾柴堆上。

蝗蟲撲火，燒得「劈噻啪啦」響。頓時，飄散出一股難聞的焦煳味兒，把這一筒蝗蟲來了個徹底的火葬。

人們一見曹雪芹這風箏捕蝗的辦法還真靈，個個拍手稱快，稱讚曹雪芹救了一方人的性命。就這樣，曹雪芹一次次地放飛，一次次地焚燒，蝗蟲果然逐漸稀少了，散去了。

都統老爺也看得發呆，想不到平日裡蔑視官府、桀驁不馴的曹雪芹，還有這等奇異的本領，就發話說：「曹雪芹，快把風箏取下來，我要帶進京去為你請賞！」

曹雪芹聽了，哈哈大笑地說：「都統老爺，你弄錯了，這是萬奶奶一家的功績。您應該給他們祖孫二人去領賞。」

說著，他一抖腕子，不知弄了什麼機關，風筒脫鉤飄然而去，只留下一方狀似條幅的東西浮在高空。人們定睛看時，辨認出上面瀟瀟灑灑書寫的 7 個大字：「富非所望不憂貧。」

都統氣得面孔蠟黃，氣急敗壞地跺起腳來，眼看著風筒越鑽越高，越飄越遠。不一下，變成了一個小黑點，不見了。曹雪芹拱手告別了眾鄉親，又回首向都統投以冷峻的白眼，背著手揚長而去。

　　從此，人們更敬重這位有俠膽傲骨的窮讀書人了，對於他的高超的糊風箏、放風箏的技藝，蔑視權貴、憫孤憐貧的義舉，更是讚不絕口、世代相傳。

　　這則傳說在曹雪芹所著《南鷂北鳶考工記》一書的圖譜裡，確有一幅書有「富非所望不憂貧」的風箏圖譜。它可以從一個側面，作為曹雪芹蔑視權貴、安於貧賤的高潔人格的寫照，應是毫無異議的。

懸壺濟世救窮人

　　「遠富近貧，以禮相交天下少，疏親慢友，因財而散世間多。」曹雪芹貧不餒志，以藝活人，功德無量。

　　曹雪芹貧居山村，日子過得日見艱難。儘管已到了「舉家食粥酒常賒」的境地，他也絕不向富人家去求告。相反，他從內心裡鄙視他們，因為他從自己家庭的由富貴墜入困頓的路途中，徹底看清了世人的真面目。

　　倒是那些窮苦的百姓，給他以真誠的同情與幫助。一報還一報，他要把自己的一顆博愛之心、他的知識與才幹，完全給予那些善良的生活困苦的人們。

　　曹雪芹多才多藝。他不光著有《廢藝齋集稿》這類傳授各種技藝的書，像曾經幫助于叔度學會做風箏而求生存那樣，以藝活人，他還懂些醫道，以他的醫術免費為窮鄉僻壤貧苦無依的

人治病。至今在香山一帶，還流傳著不少這樣的口碑。為患了白內障的一位白老太太治癒眼疾，就是很為人所稱道的一件事。

曹雪芹的朋友敦敏在〈瓶湖懋齋記盛〉一文裡，記錄下了這則佳話。

有一年的秋天，敦敏專程去西郊白家疃探訪曹雪芹，可惜，曹雪芹外出還沒有回來，未得一見。正要悵悵欲歸，卻在曹雪芹居住的小院落門外，遇見一位姓白的老太太。

白老太太向敦敏自我介紹說，她是曹雪芹的鄰居，有什麼事，儘管告訴她，待曹雪芹回來，她一定會負責轉達，並且拿出紙筆讓敦敏留言。說話間，白老太太又回屋裡端出一碗煨白薯，熱氣騰騰，盛情招待郭敏。

敦敏深為這位白老太太的熱情好客所感動，不由得便問起了老太太的身世。白老太太折起衣襟，擦一擦昏花的老眼，激動地詳細述說了曹雪芹為她治好眼疾，並且接她來同住的經過。

原來，這位白老太太個人遭遇很不幸，生下兒子剛一年多，丈夫就去世了。夫家貧寒，沒有留下什麼產業，孤兒寡母，相依為命，靠著給人家做幫工，替人縫縫補補，賺點錢勉強度日。實指望兒子長大，苦日子能熬出個頭兒，不料想兒子20歲那年，染上了可怕的疫病，又沒錢醫治，很快就去世了。這可真是冰上加霜，可憐她僅有的一點希望也破滅了。世道逼得她沒有了活路，只得孤身一人去一大戶人家當傭工。這樣，

她也就徹底沒有了家。

去年冬天，由於一想起兒子就禁不住慟哭一場，天長日久，終於哭得眼裡起了白瞖子，雙眼都瞎了。主人見這個瞎老婆子再沒有一點用了，竟狠心地辭掉了她，一腳踢了出來。可憐白老太太無家可歸，只好拄著一根竹竿，艱難地摸索著，到她的一個外甥家暫時棲身。

也是她三生有幸，絕境中遇到了好人。恰有一天，曹雪芹路過這裡，無意間聽說了這位白媼的悲慘身世，以及她雙目失明、無家可歸的情狀，甚是同情和憐憫，便馬上讓人扶出白老太太問了病情，認真進行診看。

曹雪芹安慰老人說：「老人家，你這眼病係憂傷過度起了白瞖，這叫氣瞖眼。我給您配一種藥試試看，每天點眼3次，能堅持治一陣子，白瞖消退掉，眼病就會好了。」

第二天，曹雪芹就拿了配好的眼藥來，耐心為老婦人施藥。經過近三個月堅持不懈的治療，一開春，奇蹟終於出現了：白老太太真的兩眼又重見了光明！她那個高興勁兒就甭提了，逢人便誇說曹雪芹是好人、神醫，憐憫窮人，為人慈悲為懷。

後來，曹雪芹還把這位無依無靠的白老太太接到自己家裡，讓出一間房子，安頓老太太住下，相處得就像一家人。曹雪芹有時外出，就把家託付給白老太太照應。

一身才氣有君識

敦敏在〈瓶湖懋齋記盛〉一文裡，曾就這件事做過詳細記述，並有如下的話：

曹雪芹以一屋安白媼。媼且泣且言，復云：曹雪芹初移此間，每有人自京城來求畫。以是，裡中巨室，也多求購者。曹雪芹固貧，饔飧有時不繼，然非其人雖重酬不應也。囊有餘資，常濟孤寡。老身若不遇曹雪芹，豈望存活至今也！

這段記述真切而生動，感人至深。「饔飧有時不繼」，意思是吃了上頓沒下頓。「囊有餘資，常濟孤寡」，說曹雪芹口袋裡一有錢，就常去接濟孤寡之人。曹雪芹自己在困境中，仍如此真誠地扶弱濟貧，委實叫人感嘆和佩服！

與此相反，對於那些有錢有勢的人，他卻厭惡鄙視。白媼說的那番曹雪芹固貧，但富人若想求購他的畫，他卻是「非其人雖重酬不應」，見出曹雪芹骨頭有多硬，愛憎又多麼分明！

由「白媼」的這一番話，使我們看到了這位偉大的作家遠富近貧的高風、濟世活人的亮節。

曹雪芹以他的醫術，以他一顆博愛的心救死扶傷，盡心為貧苦百姓治病的事，至今還有許多美好的傳說，在杳山一帶的人民中流傳著。他巧治跌打損傷的故事，更是膾炙人口。

據傳說，有一回正白旗的滿洲副都統赫端乘坐轎車，由於過橋時馬受了驚，狂奔的驚馬連人帶車翻到藍靛廠附近的水溝裡。

　　赫端左腳脫臼。趕車的把式金大叔傷勢更重，胯骨被車幫重重地砸了一下，當時就站立不起來了。大夥兒趕快把赫端抬回本旗，連夜從北京城裡請來醫生急治。金大叔呢，則由窮哥兒們背著，送回到了餵牲口的場院。

　　赫端的傷勢並不很重，有錢有勢的人嬌氣，又嚷又叫，好像就要斷氣似的。那時候，醫生都忌諱給當官的看病。官老爺難侍候，治得不妥當便會受到連累和怪罪，所以，能躲的都躲了。

　　結果，赫端治了幾天，也不見好轉。金大叔傷勢重，卻求不起城裡來的醫生，眼巴巴躺在床上怪可憐的。窮哥兒們中有一位姓衛的大叔，知道曹雪芹會正骨，就跑了十多里地把曹雪芹請了來。

　　曹雪芹自打搬到西郊來居住，和鄉民百姓相處得特別好。他有人緣，平時又愛幫助人，大夥兒都很敬重他。他也愛跟三教九流結識，所以，這衛大叔、金大叔都是曹雪芹相識的熟人。

　　曹雪芹跟著衛大叔來到場院，未進場屋。就聽見屋裡「哼喲，哎喲」的有呻吟聲。「唉喲，痛死我了，怕是活不成了……」

　　曹雪芹掀開草簾子進得屋來，也沒顧上說句安慰的話，就俯在金大叔身上從下往上摸了一遍，有的地方捏一陣子，有的地方揉兩下子，意思是先舒展舒展筋骨，為找準傷處施行正骨手術做準備。

一身才氣有君識

　　這麼摸弄了一陣兒，曹雪芹才算鬆了口氣，說：「金大叔，不妨事。胯骨挫傷了，萬幸骨頭沒有斷，還好治。」

　　一邊說著，一邊請衛大叔幫他把老金從床上扶起來，讓老金試著往下蹲。老金下蹲到再也不能向下的當口，說時遲，那時快，只見曹雪芹一隻手緊握老金的一隻手臂，另一隻手抄住老金的脖子，猛地「呱嗒」一下，把老金摔在場房門前的平地上。

　　只聽老金「哎喲」一聲驚叫，不偏不倚，受傷的那條腿的胯骨正好緊貼地面，像是在板床上讓誰給用力捺了一下，頓覺輕快了許多。曹雪芹也長吁了一口氣，說道：「金大叔，您起來試試看。」

　　奇蹟果真出現了。金大叔躺著先伸了伸腿，奇怪，受傷的地方不痛了，一個轉身，左手摁地，一骨碌從地上爬了起來。然後伸一伸手臂，踢一踢腿，四肢都聽使喚了——說明已經沒啥大礙了。

　　金大叔拉著曹雪芹的手，真不知道怎麼感謝才好。他滿含著熱淚說，「曹雪芹啊，大叔這輩子忘不了你的大恩大德。多虧你治好了我的腿，要不，我殘廢了，一家老小可該咋辦啊！」

　　曹雪芹忙說：「金大叔，別這麼說，不留毛病比什麼都好。剛才把您掉重了吧？俗話說，矯枉必須過正。您的胯骨錯縫好

幾天了，我怕一下子復不了位，所以勁兒用得狠了點，讓您吃苦了。」

老金趕忙說：「您說到哪去了，治病嘛，再重大叔也不怪你。過去只聽說過摔胯背胯正筋骨，今日可真在我身上應驗了。曹雪芹，你可真是神仙轉世，妙手回春啊！」

曹雪芹摔胯治癒金大叔創傷的消息，很快傳到了副都統赫端的耳朵裡。那時赫端正「哼呀哎喲」地疼得亂叫喚，城裡來的大夫應付著幫他捏過，可他不配合，光喊疼，還罵人家飯桶、不中用，人家無可奈何也就走了。

他聽說曹雪芹治好了老金的病，先是不信，後來又大發脾氣，罵手下的人為什麼還不快去把曹雪芹給傳喚來。他自認為自己是副都統，傳喚一個曹雪芹還不容易嗎？他卻忘了曹雪芹是什麼性情的人，哪裡把他這樣的贓官惡吏放在眼裡。

不用說，去的人碰了一鼻子灰，回來稟報說：「曹雪芹說他的醫道淺陋，怕治不了老爺的病。如若非要他給治，那就請您自己走去，親自去求他。」

赫端聽人這麼一說，氣得咬牙切齒，噴著唾沫星子大罵：「好你個曹雪芹，被抄家落魄到這個地步，你還敢抗上！等我好了，非把你攆出旗不可。」不過，罵歸罵，眼下還是求人給治病要緊啊！他轉念一想，對，好漢不吃眼前虧。赫端只得忍氣吞聲，讓家裡的僕役攙扶著他，一瘸一拐地親自找曹雪芹登門求醫了。

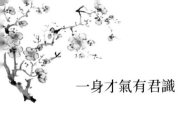

一身才氣有君識

　　曹雪芹也只是要借治病故意治治他，好為窮哥兒們出一口惡氣。見赫端果然被人擁著來了，便走出門來，大喝一聲：「鬆開他！」僕役們還沒醒過來，剛一撒手，只見曹雪芹飛起一腳，正踹在赫端受傷的左腿上。

　　赫端「哎喲」一聲慘叫，正待要破口大罵曹雪芹放肆、無理，不想一伸左腿，竟自己爬了起來。

　　曹雪芹輕蔑地一笑，說：「赫老爺，嘗出點滋味了吧？平日別那兒動不動就用腳踹窮人。」

　　赫端明知道曹雪芹譏諷他，也不好再說什麼。因為沒有曹雪芹這一腳，指不定脫臼這條腿還得疼多少天哩！他只好強裝個笑臉，嘻嘻地說：「曹雪芹，你有如此絕藝，還不謀個差使？請到我府上一坐，我有話說，要重重謝你。」

　　曹雪芹望著沾滿一身泥土的赫端，眼前好像幻化出一條挨了棒的惡狗。他知道，這條惡狗的傷好後，還是要咬人的，便拱一拱手說：「赫老爺，太陽不會從西邊出來。再會！」

　　這時，太陽正向西山沉下去，天際布滿了燦爛的晚霞。

　　曹雪芹為人聰明，虛心好學。他不是光死啃書本知識的人，他遍讀百家，雜學旁收，還隨時留心向五行八作的勞動者請教，拜「泥腿子」為師。

　　他的醫藥學知識，不少就是透過與藥農交談，親自上山採藥，收集民間驗方等得來的。在當時的封建社會裡，窮鄉僻壤

缺醫少藥，就是有錢，也很難像城裡人那樣隨時可以到藥鋪買到藥。他深深體念鄉民百姓的病苦，總是自己上山採些中草藥回來，用心配伍炮製，做成各種有效用的成藥，免費施捨給人。

他還有一手專治一種叫做黃病的絕招，選用藥和炮製藥的方法很是稀奇。黃病類似於今天我們所說的黃疸病。

有一回，曹雪芹去海淀探望一位朋友。那時的北京海淀還真有個「海」呢，幾個湖泊相連通，岸上稻花飄香，澱裡芙蓉出水，白帆點點，漁歌陣陣，好似江南水鄉的風光。

他沿著湖岸的柳蔭走來，忽然發現前邊不遠的地方，有一位面帶病容的瘦弱書生在淀邊徘徊，好像有什麼沉重的心思，搖著頭唉聲嘆氣。

他心中一動，剛要走過去，只聽「撲通」一聲，那青年書生已經跳進了淀子裡。不好，顯然那人是自尋短見。

曹雪芹早年在江南居住時喜歡游泳，水性不錯。見此情景，他顧不得脫去衣服，一個猛子紮下去，一下工夫就把落水的青年人救上了岸。他為青年人空了空肚子裡的水，那青年書生漸漸地睜開了眼睛，甦醒過來。

待青年人完全恢復了神志後，曹雪芹問了他的身世，問他為什麼年輕輕的要跳水尋死。原來，這個青年書生叫柳湘蓮，父親早喪，自幼與母親相依為命。母親千難萬難供他唸書，好不容易考上了個生員，撥來甕山當差，不料想染上了黃病，以

致瘦弱無力,連生活也難自理了。無錢醫治,又怕別人嫌棄他這病傳染,思前想後,覺得活在人世上已經不中用了,因此,產生了投水尋死的念頭。

曹雪芹聽罷,忙安慰年輕人說,「你年紀輕輕,日後的道路還長著呢!黃病並不是絕症,你信得過我,我給你治治看,可以治得好的。再說,你死了圖清靜,你年邁的老母靠誰養活呢?」

聽曹雪芹這麼一說,年輕人甚是感動,忙「撲通」一聲跪下說道:「尋死這條路,我也是萬般無奈啊!大叔,只要您能治好我的病,今世報不了您的大恩,來生變牛變馬,也要報您的大德!」

就這樣,柳湘蓮每天遵約來找曹雪芹討藥、服藥,一天一劑。不覺半個月過去了,湘蓮瘦弱的身子漸漸恢復,臉上的黃也明顯退了去。你道曹雪芹給這個青年服的是什麼神藥?原來是從淀裡捉來的活泥鰍。黃病多因肝火所致,這泥鰍性涼,活活吞下去正起著平肝降火的作用。

連服一個月後,柳湘蓮像是換了一個人,滿面紅光,身體結實多了。從此,他跟曹雪芹成了莫逆的忘年交。柳湘蓮也喜歡唱崑曲,扮相又好,跟曹雪芹談得來很投合。據說,這年輕人後來被曹雪芹寫進了《紅樓夢》裡,就是那個倜儻風流,讓尤三姐為之傾倒的柳相公,他也叫柳湘蓮。

曹雪芹自製過一種「定黃靈」,治黃疸病挺見效。四鄉的窮

苦百姓，凡是來向他求醫求藥的，他都熱情接待，悉心調治。他的「定黃靈」不知救活過多少窮人的命。大家敬服他的醫術，更敬佩他的為人，所以至今在西山一帶，還流傳著許多他遠富近貧、治病救人的美好傳說。

曹雪芹由一位貴族闊公子變成一個「舉家食粥」的平民百姓，這中間他是吃盡了人間辛酸的。他堅守「威武不屈」、「貧賤不移」的正直讀書人的信條，對於吃糠咽菜的困苦生活，他甘之若飴。他深深體會到，「清貧」二字不是恥辱，對於能夠自守的讀書人來說，毋寧是一種褒獎。

曹雪芹這人樂觀、放達，為人耿直，什麼苦都能吃得。他又見多識廣，心靈手巧，總愛思索。他發明製作的「度荒糕」，就挺有成果。

那時節農民種莊稼，全靠風調雨順才會有收成。可是，天時總也不好，不是澇了，就是旱了。有時永定河水泛濫，還鬧水災。

年年鬧災，簡直把農民害苦了，為了度災荒，家家都願多種一些產量高的地瓜、山芋之類。可這些東西秋間收成下來，保存不善就會爛掉。要是爛掉了，不僅一冬沒有吃的，明年春天非鬧大春荒不可。

曹雪芹吃過荒年難挨的苦頭，他就思索著能不能想個法子，把秋天新收下來的地瓜、山芋經過加工，妥善儲存起來一些。

　　他在南方見過點心鋪做檳榔糕，當然，那用料是很考究的、紅棗、栗子、芝麻、黑糖、南糖，加上糯米熬在一起，噴香噴香，晾乾了能長期保存。

　　那麼，把地瓜、山芋一起熬熬，有糧食加進些糧食，晾乾了不也甜絲絲可以久存久放了嗎？他自家先做了實驗，很是成功，就把這種加工方法傳授給窮民百姓，從此，家家也都做起地瓜糕來。把這種糕做成方磚形狀，平時砌在牆裡，既不招蟲咬，又不占地方，隔年食用，還跟新做的一樣。曹雪芹給它起了個好聽的名兒叫「度荒糕」。

　　果不其然，就在曹雪芹教鄉民做糕的第二年，遇上大旱，由於家家儲存有度荒糕，吃時用熱水一泡，稠糊糊的，像糖粥一樣，老百姓仗著它度了饑荒，才算沒有餓死人。大家從心裡感激曹雪芹，為了紀念他，便把那方形度荒糕叫做曹糕。

　　這些美好的傳說，從一個側面反映了曹雪芹偉大的人本思想，也反映了人民對這位偉大作家的崇敬與懷念。在一年的除夕，有人贈給他這樣一副對聯：

　　遠富近貧，以禮相交天下少
　　疏親慢友，因財而散世間多

再去江南做幕僚

　　乾隆二十四年初秋，曹雪芹曾有過一次江南之行。世事蒼茫，從 13 歲那年因遭抄家之禍被遣北歸到如今，已經 30 多年過去了，金陵現在會是個什麼樣子，舊家安在哉？

　　曹雪芹南國尋夢的訊息，是從敦敏的一首詩裡透露的。那已是在來年的秋天了。

　　乾隆二十五年重陽節後的一天，敦敏去訪問一位叫明琳的朋友。來到明琳的「養石軒」剛剛落座，忽然聽到鄰舍隔牆飛過清朗的笑聲。只聽得一人高談闊論，聲音分外熟悉。敦敏馬上辨認出必是曹雪芹！別人沒有如此清亮、朗潤的聲口。

　　他真是喜出望外，急步跑過去看，果然是老朋友曹芹圃。他倆自從去年分手，轉眼已經一年多了，今日別後重逢，不期而遇，該有多麼的高興啊！敦敏一把抱住曹雪芹，恨不得抱起他來掄上幾圈。兩人手挽手，聯袂而行，說說笑笑，重又回到明琳家的「養石軒」來，與明琳三人對坐共談，暢敘別情。

　　明琳是鑲黃旗貴族傅恆的姪兒。傅、曹兩家本有些親戚關係，所以，都是老朋友、老相識，正可無話不談。當然，交談的中心是曹雪芹這回南行的情況和旅途見聞。

　　曹雪芹原是一個極健談的人，一些人或世事，一經他描繪渲染，便繪聲繪色，活靈活現，引人入勝。明琳命家人當下擺上酒宴，三人就觥籌交錯，倍增談興。

一身才氣有君識

席間，敦敏乘興題詩一首，詩題兼序：「芹圃曹君別來已一載余矣。偶過明君養石軒，隔院聞高談聲，疑是曹君，急就相訪，驚喜意外，因呼酒話舊事，感成長句。」

其詩為七律一首：

可知野鶴在雞群，隔院驚呼意倍殷。
雅識我慚褚太傅，高談君是孟參軍。
秦淮舊夢人猶在，燕市悲歌酒易醺。
忽漫相逢頻把袂，年來聚散感浮雲。

這首詩生動地記述了與曹雪芹邂逅相遇於明琳養石軒的欣喜情狀，表達了對老朋友的真摯情誼。大意是說：你有高潔的品格和出眾的才華，就像野鶴昂首雞群之中一樣，引人注目、欽敬。

從隔壁院落裡，傳來你談笑風生的清亮聲音，老朋友久別重逢，我的激動情懷真是難以表達。慚愧的是我沒有褚太傅那樣的知人之能，識君恨晚；而你卻像晉代的名士孟嘉，才氣超人，妙語如珠。

從你的談吐中得知，你過去在金陵的繁華生活，已如春夢般永遠消逝了；幸得舊人尚在，正可相親相慰，相依為命。如今你在京中命運不濟，慷慨悲歌，因感嘆人世坎坷艱辛，便不免常常借酒澆愁。今日喜得久別重逢，來來來，讓我們手拉著手，緊緊相握，一慰咱們時聚時散、飄忽如浮雲的思念情懷吧！

　　敦敏的詩情辭懇切，可知這一年多的別離，對這兩位曾多年朝夕相處、情同手足的老友來說，該是多麼的不尋常！

　　這一年多，曹雪芹正是回金陵尋夢去了。曹雪芹遷居西山後，儘管生活條件很差，有時窮困得只能酒常賒，舉家食粥，他還是茹苦含辛，堅持把他的《紅樓夢》寫了下去。他在《紅樓夢》第一回曾做過這樣的自白：「雖今日之茅椽蓬牖，瓦灶繩床，其晨夕風露，階柳庭花，也未有妨於我之襟懷筆墨者……」

　　大約在乾隆二十四年，曹雪芹完成了將近八十回的《石頭記》修訂稿，便交給脂硯先生去傳抄。恰在這時，金陵一位與他家有舊誼的人出面，託人帶信來，請他到兩江總督尹繼善那裡去做幕僚。

　　曹雪芹一方面為了生計，一方面對久違的江南早已十分懷念，而且還想趁此機會，進一步去收集一些創作的補充材料。三全其美何樂而不為呢，於是便欣然應徵，決計不日買船南下。

　　這次動身回南方去，仍走的是水路，沿大運河南行。一路滿眼秋色，田野裡莊稼大部分已經收割了，現出一片片灰白色的谷田壟來。船到瓜州古渡口，突然天氣變惡，封江停航，只好就停舟瓜州，暫時滯留下來。

　　瓜州地面有一沈姓大戶，久仰「江寧曹家」盛名，得知當年老織造曹寅之孫曹雪芹現正滯留此間，甚為欣喜，特地主動到曹雪芹下榻的客店訪問。

一身才氣有君識

　　沈氏堅請曹雪芹搬到家中去住。曹雪芹委婉辭謝說：「常言道：『腰纏十萬貫，騎鶴下揚州。』曹雪芹此來囊中羞澀，還是住在小旅舍裡方便些。」幾番推辭不過，只得從了主命，移居沈家，受到主人熱情款待。

　　臨別時，為了答謝主人款待之殷，特展紙揮毫，畫了〈天官畫〉和〈鯉魚圖〉二幅丹青相贈。據說，後來還曾有人在這兩幅畫上題詠，被視為稀世之寶，可惜今天都難覓其下落了。

　　曹雪芹早年曾不止一次地來過揚州，但那時候實在太年幼，不能真正領略古人「煙花三月下揚州」那種傾心神往的情致。這一回借滯留瓜州機會，正可以故地重遊，體察一下這個「千家養女先教曲，十里栽花算種田」的歷史名城的風韻和社會人情。

　　一日，他出鎮淮門循小秦淮折而北，遊覽了著名的紅橋。他記起了明人王士禎的一篇游記：「林木盡處，有橋宛然，如垂虹下飲於洞，又如麗人靚妝袨服，流照明鏡中……」那麼，紅橋當為虹橋了。

　　這裡清景依然，只是秋風瑟瑟，令人生出一種悲涼之感。曹雪芹知道，這是由他的心緒造成的。之後，他游了半山堂、天寧寺；還懷著一種莫名的景仰心情，登梅花嶺，憑弔了前朝名臣史可法的忠烈祠。

　　遙想爺爺曹寅在世之日，曾在揚州天寧寺設立書局，團結了一大批學者在這裡進行古籍整理與刊刻，那是怎樣的盛事

啊！如今卻連說話都得提防。想到這些，頓覺遊興索然，便早早地折身往回走去。

天日晴和，待又登船江行，江寧已經遙遙在望了。王安石有詩云：「京口瓜州一水間，鐘山只隔數重山。」

魂牽夢繞的秦淮舊地啊，你如今還會是當年的綽約風姿嗎？到了江寧以後，未及安寢，曹雪芹即租訂一輛馬車，對本家十三處故居一一重訪。他看到當年的江寧織造署，已經翻建成乾隆皇帝的專用行宮，黃色的琉璃瓦，在陽光照射下熠熠閃光，刺人眼目；高聳的宮門，由親兵們把守著，門禁森嚴，不準入內。

他又來到烏龍潭東面本屬曹家的小倉山，這裡景色雅緻，有著蘇州園林氣概。這本是爺爺曹寅在世時監督工匠修造的。因抄家禍起，沒入官府，後被繼任織造隋赫德接管，稱為「隋織造園」。未久，隋赫德也官場倒運，被撤職後，此園再易新主，由「性靈派」著名詩人袁枚於乾隆十三年買了下來，遂改名為「隨園」。

袁枚罷官閒居，自號「隨園主人」。裕瑞在《東窗閒筆‧後紅樓夢書後》中說：「聞袁簡齋家隨園，前屬隋家者，隋家有即曹家故地也。」明琳的堂兄明義也曾說過：「曹子曹雪芹出所撰《紅樓夢》一部，備記風月繁華之盛，蓋其先人為江寧織府，其所謂大觀園者，即今隨園故址。」曹雪芹的朋友明義曾親

到過隨園去訪袁枚，他贈袁枚的詩中，甚至斷言說：「隨園故址即紅樓。」袁枚在《隨園詩話》中也就公開宣稱：「所謂大觀園者，即余之隨園也。」

當然，這些話未足全信。曹雪芹寫《紅樓夢》是進行文藝創作，大觀園的構築布局，是依據人物的身分、秉性和展開故事情節的需要敷衍渲染的，不應是某一處園林生硬地照搬。說它曾是曹雪芹構思描繪大觀園的生活依據之一尚可，斷定「隨園故址即紅樓」，那就未免過於武斷了。不過，文人多好事，他們的這種說法，也算為後人留下了一段佳話。

曹雪芹回到金陵，還遍游了莫愁湖、玄武湖、雨花臺、燕子磯這些名勝去處。一日，更租一小舟，游了秦淮河。看到兩岸綠窗朱戶，酒家林立，青樓畫舫，傳出箏簫之音。十里秦淮，還似當年的繁華。

這裡是達官貴人、巨賈富家的銷金窟。他們紙醉金迷，盡情享樂，他們嗜飲嗜食的該有多少窮苦人的白骨和血淚啊！特別是那些無辜的弱女子，受盡凌辱，強顏賣笑，秦淮河啊，你嗚咽流淌著的，莫不是她們的冤魂？

第二日，他還特意去憑弔了明孝陵。鐘山蒼莽，雲海翻濤，幾多歷史風雲，迴蕩在曹雪芹胸中。他隱隱感到這大清朝局也會像這四時的天像一般，有朝一日必將有變！他不敢也不願想下去了……

　　曹雪芹這回南來，本是應人之聘，到兩江總督尹繼善那裡做幕賓的。不過，寄人籬下，這碗飯並不好吃。

　　這尹繼善乃是雍正元年進士，為人有才幹，又性情寬和，不久便升任封疆要職，那時他才不過 30 來歲。

　　有一次，雍正對他講為官之道，叫他傚法李衛、田文鏡、鄂爾泰三人。這三人均是雍正最為賞識崇信的人，一時他春風得意，炙手可熱。尹繼善卻稟奏說：「李衛：臣學其勇，不學其粗。田文鏡：臣學其勤，不學其刻。鄂爾泰：宜學處多，然臣不學其愎。」

　　他以精闢、深刻的知人卓見，對這三位宏臣褒中有貶，巧妙地進行了批評。這顯示出他有膽有識，對應得體的辯才，連雍正也不得不點頭稱許。

　　像尹繼善這樣的人，在官場上雖也難免「逆水行舟」，但因為他處人處世機敏，一次次總能繞過險灘，所以還算官運平順。雍正六年，授內閣侍讀學士，協理江南河務。不久即調任江蘇巡撫。雍正九年，又升遷為兩江總督。此後的近 30 年間，他曾四督兩江，有時還兼管兩淮鹽政，頗有政聲。

　　尹繼善初到金陵，正好曹家剛被遣北返。他的總督衙署，就與曹家老宅相鄰，自己又兼著兩淮鹽政，等於也是做著和曹寅在世時一樣的官。

　　他在金陵任上久了，日益察覺到曹家累代在江南的影響，

一身才氣有君識

特別是曹寅曾4次接駕，又在文化學術事業方面有過大的建樹，內心裡是很追慕「棟亭公」的。在這種心情之下，尹繼善自然留意於訪詢曹家的現狀，特別是曹門子孫的下落。這便是曹雪芹這次得以被邀南來的因由。

一到江南，曹雪芹的才華立即受到尹繼善的賞識推重。曹雪芹能詩善文，琴、棋、書、畫無不通曉，深得尹繼善厚愛。

一天，揚州著名的肖像畫家陸厚信來遊金陵，曾被邀到尹府做客，見到了曹雪芹。曹雪芹與之縱論畫道，談吐間，陸厚信十分驚喜和傾慕。後來，陸厚信還為曹雪芹繪了一幅彩筆肖像畫相贈並在畫端寫了如下的題記：「曹雪芹先生洪才河瀉，逸藻雲翔。尹公望山時督兩江，以通家之誼，羅致幕府，案牘之暇，詩酒庚和，鏗鏘雋永。余私忱欽慕，愛作小照，繪其風流儒雅之致，以志雪鴻之跡云爾。」

這是曹雪芹確曾回到金陵去，有過入尹繼善幕府一段經歷的最為確切的記載。這幅畫像，也是曹雪芹當年風采能夠以寫真留於後世的最早、也最為傳神的珍品。

曹雪芹才華出眾，又做事傲物，易為人知，也易為人妒。官場上逢人恭維、作揖那一套，他學不會，也看不慣。敦敏稱讚他「可知野鶴在雞群」，從一個方面也正是說明他的超眾脫俗，倜儻不群。一個懷抱「野鶴」「閒雲」之心的人，自然是適應不了官場那樣的環境的。

　　尹繼善雖有愛才之心，而曹雪芹的高談雄辯，放言無忌，也未免時時會有所觸忤，尹便漸有不樂之意。

　　尹繼善從他的正統觀念出發，曾以長者口吻勸訓過曹雪芹，希望能夠導之於正。曹雪芹哪裡肯聽命於封建禮法那一套呢？這樣就不可避免地產生了些矛盾，曹雪芹終被視為狂妄無狀、忘恩負義。

　　道不同不相為謀，加之另外有些事情，曹雪芹決意離開尹府了。還有一個更直接的原因，就是曹雪芹寫的《石頭記傳奇》不知怎麼流傳到了一個皇室貴族家裡去，竟被乾隆皇帝知曉了。乾隆閱過後，斥之為「淫詞小說」，要進行追查。

　　這件事又恰恰與尹繼善的女婿永璇有些關係。因這緣故，尹繼善獲得了龍顏震怒的消息。而著書人曹雪芹，現在就正在他的幕府裡，這可該如何處置呢？

　　此時尹繼善本已不想留用曹雪芹了，借此讓他趕快離職，快到別的地方去躲躲風聲，以免得多有株連，事情更不好收拾。

　　這一打擊，表面看來好像很有些突然，其實也正是曹雪芹意料中事，他背上叛逆、忤逆的惡名已非一日了。於是他連夜收拾行裝，決意北返。

　　這回南遊，謀事算是失敗了。而趁此機會加深了解了一下南國社會風情，尋訪了當年府內府外乃至織造作坊的一些舊人，獲益還是很大的。

一身才氣有君識

　　短暫的幕僚生活，使他有機會親見了官場的種種腐敗與虛偽，金陵的幾個大家族的浮沉變遷，舊權貴們的沒落飄零，新權貴們的揚揚得意，好像 30 年前被抄家的一幕，一直在不斷地重演著。這為他回去後進一步修改潤飾《石頭記》完成後幾十回書的寫作，收集到許多珍貴素材。從這層意義來說，曹雪芹不虛此行。

　　尤其給了他很大慰藉的一件事，是他尋訪到當年江寧織造府裡的「舊人」中，有一個曹雪芹少年時曾耳鬢熟的貼身丫頭，如今淪落在秦淮市井之間，青春已逝，生活無著，孤苦飄零。

　　曹雪芹秉性同情世間弱女子，見她如此情狀，不免感嘆欷歔。這女子也念曹雪芹從未把她們這些女僕、丫鬟之輩當做下人看待的舊恩，內心裡對這位雖已落難，但做人依然堂堂正正的曹公子，仍十分敬重。曹雪芹這次南來前，原配夫人已不幸病逝於西山荒村，唯留下一個男孩與曹雪芹相依為命。這真是「千里姻緣一線牽」，男單女孤，兩情相投。在朋友們熱心撮合下，曹雪芹便續娶夫人，偕她一道北歸了。

　　為紀念這次秦淮遇故知的奇緣，曹雪芹從南曲《西廂記·佛殿奇逢》一折裡「花前邂逅見芳卿」這一名句中抽取二字，給他這位新娘子取名為「芳卿」。

　　近年，在文物考古中新發現一對刻有「芳卿」之名，並有蘭石題句的書箱，被認定為曹雪芹的遺物，並從而認定系曹雪芹

南歸再娶的物證。書箱的正面刻著對稱的兩小叢幽蘭，第一隻書箱的蘭花旁刻有一塊石頭，在蘭石的上面還刻有一首詩〈題芹溪處士句〉：

並蒂花呈瑞，同心友誼真。

一拳頑石下，時得露華新。

「並蒂」、「同心」，俱為新婚用語。「一拳石」，與曹雪芹的居處環境又相吻合，曹雪芹平日也常以頑石自命。「露華新」，自然是新婚燕爾，新娘子自喻之詞了。

第二只書箱的開板上，也刻有兩行小字：「清香沁詩脾，花國第一芳。」這該是曹雪芹稱讚芳卿的一語雙關的情語。並有「乾隆二十五年歲在庚辰上巳」的題款，署明他們正式結婚的日期在這一年的三月初三。按傳統習慣，這一日為修褉日。古時人們多在這一天到水濱，出遊宴集，求得吉祥。選擇這一天結婚，那應該算是喜上加喜了。

這芳卿是一位心又靈手又巧的女中才子，精於工藝美術，能自編自繪多種織錦圖樣。這套本領，大約是他當年從織造局學得來的吧！曹雪芹能寫會畫，又極工巧，如今娶到這麼一位聰穎賢惠的妻子，內心的欣喜與滿意，自不待言。

回到北京，曹雪芹便用這對書箱專門替芳卿存放圖稿、錦樣，視若家珍。他還在第二只書箱開板的背面，親自用墨筆寫下了 5 行楷書：

為芳卿編織紋樣所擬訣語稿本

為芳卿所繪彩圖稿本

芳卿自繪編錦紋樣草圖稿本之一

芳卿自繪編錦紋樣草圖稿本之二

芳卿自繪編錦紋樣草圖稿本

由上面的文字可知，曹雪芹也曾幫妻子繪製彩圖，編寫口訣。這又與《廢藝齋集稿》的內容相合。夫妻恩愛，貧賤相守，應該說是相當美滿的。

生命的最後歲月

一部紅樓夢，誰人不識君，可惜世道蠱，天妒有才人。

—— 曹雪芹

看破仕途不做官

乾隆生平有個志願，就是凡事要仿效祖父康熙。康熙曾經的 6 次南巡，成為空前的「盛典」，數十年後還廣為流傳。因此乾隆也要照辦。

乾隆在乾隆二十二年一月出發開始南巡，三月間，巡至江寧。江寧的行宮，就是當初的織造府 —— 曹家的老宅。有趣的是，乾隆也學康熙那樣去視察了織造機房。

到乾隆二十三年的九月，兩江總督尹繼善題奏，說是天下太平，五穀豐登，官民都望幸，請於次年再舉南巡。這回乾隆沒有馬上答應，說是再推一年。但到次年仍未實現，又推到乾隆二十五年。

曹雪芹在乾隆二十五年的那回南下，正是因為江寧的尹繼善又要經營接駕的大事，千頭萬緒忙得不可開交，而且上一次辦理有欠妥之處，這次人們建議必須再請康熙年間經歷過的內行人家來協助才好。

於是，有人想到了邀請「世襲數十年江寧織造」的後人、見過「大世面」的曹雪芹。可巧，當時曹雪芹也剛剛成了貢生，有了一點「身分」，於是也促成了那次的南國之行，曹雪芹也借此看了看家鄉的變化。

這個時期，經過了康熙、雍正兩朝數十年的積累，國力殷富。於是乾隆爺除了準備搞個慶典，還想搞些紀念活動：皇宮

內苑有一處建築叫做紫光閣，把它重新修繕，要依照古代凌煙閣的故事，也把功臣的畫像陳設在閣中。

可是，古代凌煙閣的功臣只有 10 多位，現在決定要給 100 位文武功臣畫像，而且四壁還要有巨幅的戰場的景象。這樣一來，便生出了一項十分重大的任務：須到各地方各層次去尋訪技藝精湛的好畫家。

於是，功臣之首，身為大學士，封為公爵的傅恆和他族內明字輩的人，便都想到曹雪芹身上來了。

曹雪芹自從江南走了一趟，他的詩才畫藝之高，漸漸傳於眾口了，恰好他回京來了，皇家的如意館便馬上搜訪他的蹤跡。人跡罕至的山村一帶，也不止一次有人來詢問他的名姓和地址。

可是他住的地方十分荒僻，使得他們大費奔波之苦。連那兒的櫻桃溝，也不得不去踏探了好幾次。

曹雪芹在內務府的官學時，也曾有機會看到過紫光閣。他知道那是一個重要的所在，它和武事關係密切，上三旗侍衛較射，取武進士，賜宴外藩的王公都在這兒。

紫光閣在西苑太液池旁。西苑就是緊對紫禁城西華門的皇家苑圍。曹雪芹記起，祖父詩集裡有不少寫西苑景色的詩，那時爺爺常常是半夜宿於此地。

苑中有豐澤園，就是康熙帝種育御田胭脂米的地方。這米賜給曹、李兩家，這也成為被雍正追查的一大案件，曹雪芹把此米也寫進了《紅樓夢》。

生命的最後歲月

豐澤園之西有春耦齋,是為皇帝學耕田而設的地方。由此齋循池之西岸往北走,就到了紫光閣。此閣建自明代,現又修葺一新了。傅府裡派的人終於找到了曹雪芹家。曹雪芹躲起來不接待他,煩一位老者替他看家待客。

來的這個人假謙恭而真倨傲地向老者說明了來意,口裡稱著「公爺」的美意,請曹二爺出山去宮裡畫谷象,畫成之後,聖上是要賞給官職的,從此可以不再受這窮苦了。

那人頭一次撲空了,第二次又來了。這回曹雪芹在家,接待他進來。聽了再述來意和那套恩賜的話後,曹雪芹微微一笑說道:我剛寫了一幅字,您抄回去替我回稟公爺吧!說畢取出一軸字幅,展開懸在牆上。看時,那字寫得風流瀟灑,上題一詩,道是:

> 捐軀報國恩,
> 未報身猶在。
> 眼底物多情,
> 君恩或可待。

來的那人看不懂,只得抄寫回去。傅匧家人們看了,不禁雷霆大怒,說:這個該殺頭的,如此不識抬舉,竟敢說出這種狂悖的話來!明兒綁了他來,讓他去嘗嘗刑部獄的味兒!

後來脂硯等人知道了,無不替曹雪芹暗捏一把汗。大約有人說了好話:他不來沒這福分就算了,何必為這麼一個下流人費手腳。

看破仕途不做官

　　因此，幸而沒有遭到狂言招禍的大麻煩。而曹雪芹也錯過了「人生中最大的一次當官」的機會，因為此時乾隆已不像雍正那樣對待曹家後人了。

　　對於曹雪芹來講，已經有了比較好的從政的政治環境了，如果他肯屈就，還是有光宗耀祖的機會的。只是曹雪芹已看清了官場的黑暗和腐敗，已經沒有興趣踏入仕途了，哪怕是過著「舉家食粥酒常賒」的生活！

　　三友人縱論「紅樓」

　　在文學史上，這一天真是值得一記：曹雪芹和敦敏、敦誠兄弟，嘯聚山村，縱論紅樓留下一段佳話。此事發生在曹雪芹回北京一年之後乾隆二十六年初秋。那時，敦敏、敦誠兄弟也已相繼奉調回京。

　　大約是外地生活實在艱苦，敦誠回京後就病倒了，他哥哥敦敏前去看望時特意寫了一首詩送他。在那首詩的結尾處，敦敏借題發揮地調侃道：

　　到處馳驅不得意，不如閉門靜坐無事即神仙！

　　敦誠看後，開懷一笑，身子像是一下子就輕鬆了不少，於是手指著詩稿建議道：「閉門靜坐我看就免啦，咱倆還是抽空去看望一下芹圃如何？」

　　敦誠自上次給曹雪芹寫了那一首「勸君莫叩富兒門」的勸告詩之後，心中一直很不安：自己作為宗室之後，可謂衣食無

虞，因而向饑寒交迫中的曹雪芹提這樣的要求，實在是有點於心不忍。

所以敦誠回京後就總想找機會去香山看望一下曹雪芹，以作安慰。敦敏聽罷弟弟的建議，當即以拳擊桌，說：「正合吾意。我看不如就趁這幾天秋高氣爽，走一趟香山。」

三天後，敦誠感覺自己的身體已經完全復原，便約了哥哥，同乘一輛騾車，出西直門，駛上了去香山的大道。那輛車由兩匹高頭大馬拉著，車伕又是個老把式，一路「嘚嘚、駕駕」地走得頗為平穩。

車子一拐過萬壽山的路，出現在眼前的便是與城裡完全不同的另一種景象了：田野，疏落分布的農民茅屋，竄來竄去跑動著的野狗……轉過山腳又上青龍橋，透過車窗向外望去，那香山便已經在眼前了。這一帶環境尚好，青山綠水，景色宜人，空氣也覺清新。兩人不覺都興奮起來：「不知芹圃可在家？」

「除非進城來看我們，這也太巧了！一般總會在家的。」

待找到曹雪芹的家，一眼望去那是怎樣的幾間破草房啊，蓬牖茅椽，又低又矮，門前野草叢生，滿目淒涼。二人不覺一陣難過，面顯淒然之色。

這是山腳下朝著東南方向的四間舊茅屋，一間獨開一門是廚房，三間一明兩暗：左邊一間是他和他從金陵帶來的那位新

婦一起住的，中間一間是他前妻所生的方兒住的，右邊一間則用作為他的書房了。

　　圍繞這茅屋，有一圈以刺藤樹紮成的籬笆，籬笆上爬滿了開著小花的爬山虎，不遠處又有幾株蔓延的絲瓜藤，藤下掛著幾個老絲瓜。

　　這天早晨，曹雪芹先是畫了一幅水墨畫，畫面上是一光頭圓臉的文人，正在撫松遠眺。畫的左下角，題了「燕市酒徒」四個字，署名「夢阮」，又加蓋了兩方閒章，這才將它釘到牆上。他先自欣賞了一下，接著便又埋下頭去，專心整理起他的書稿來了。

　　金陵回來之後，曹雪芹根據自己對他們曹家生活過的那一座「大行宮」，也就是江寧織造署院的仔細考察，覺得原先自己在《石頭記》中對榮、寧二府的描寫，尚有很多很多地方需刪改和增補。

　　許多東西，在未動筆寫之前是一種感覺，待寫過一遍之後，再回過頭去觀察感覺就完全不同了。實際存在的往往比頭腦中想像的要豐富、扎實得多！

　　然而，興沖沖地理過一遍稿子之後，曹雪芹又嘆起氣來了。有好多稿子被借走後尚未還回來。因為人家借去後看著有意思，就又轉借給他人看，這樣借來借去往往要很長時間，有的則乾脆就被丟失了。

「下回不管他是誰，原稿反正是再也不能借給他了！」

「但是來借看的人非親即友，都是喜歡自己文字的人，也算半個知音吧，硬是不借怕也說不過去呢！」

曹雪芹正這麼打著肚皮官司，就聽籬笆外有人在叫：「芹圃，芹圃！」

他一聽就知道來人是誰了，不禁喜出望外：「是敬亭呀！快請，快請！」

曹雪芹邊說邊跑出門去迎接，這才見來的不僅是敦誠，還有他哥哥敦敏呢！曹雪芹高興得不禁張開雙臂將他們兄弟二人緊緊摟住，久久不願鬆手。

曹雪芹朗爽地高聲大笑說：「今兒可真是貴人天降，怎麼也想不到你們會來 —— 難為你們怎麼摸到這地方的？」

進門頭一件事，便是吩咐妻子：「來了稀客，趕快去打酒、切肉。這個……你還是再去王記酒鋪，找王老闆商量一下吧！」

妻子心領神會，苦笑著說：「知道啦，這還用得著你囑咐呀！」

敦氏兄弟立即就明白這是怎麼回事了，所以趕快說：「唉，芹圃，我們來看你，卻又害得你賒帳，不好意思啊！還是別買肉了，就要點酒吧！」

「不，酒要，肉也要。今兒高興啊，要一醉方休！」

　　進屋看時，倒也別有一番意致：小窗糊著雪白的新紙，頗為明亮。牆上掛的是一把直垂的三弦兒，一把斜著的寶劍，棗紅的穗子顯得十分瀟灑。小桌上就是筆硯，還有一些大大小小的碟子裡面裝著繪畫用的顏色和兩個水壺、筆洗。

　　這都不稀奇，稀奇的是桌上幾上到處擺滿了奇姿異態的石頭，牆上貼著畫的大石頭，一個古裝的人向著石頭躬身施禮。

　　「芹圃，」敦誠搶先說話了，「您真不愧是石頭下凡，滿屋子都是石友呀！」

　　進書房坐定，敦氏兄弟先看掛在牆上的那一幅新作說：「這是夫子自況圖吧？」敦誠指著「燕市酒徒」四字題款問曹雪芹。

　　曹雪芹笑著，未說什麼。

　　「芹圃，卜宅三走了，你可知道？」

　　「他怎麼走了？是回浙江？他不是想求個功名的嗎？」

　　曹雪芹這一問，倒使書房內的空氣霎時凝重起來。

　　「哪裡。是卜宅三未能參加會試就死了，可嘆啊！」這麼一說，令曹雪芹也頓時嘆息起來。

　　對這位多年前宗學裡的同學，曹雪芹還是很有好感的，尤其那一晚的中秋夜談，更是記憶猶新。他不禁傷感地吟道：「唉。『兩部蛙鳴新雨後，月明人立小橋頭』，此人已矣！」

　　敦敏大驚道：「啊呀芹圃，你真好記性，這不正是卜宅三那個中秋夜暢談時應你所請而即興寫出的一首七律中的兩句嗎？」

敦誠覺得三人好不容易才得以一聚，這麼傷感怎麼行，於是就趁機將話題一轉：「老哥看你說的，他若記性不好，又怎能寫得出那麼幾十萬言的大著《石頭記》來？」

說完也不待敦敏回答，又轉問曹雪芹：「真的，芹圃，你的書何時才能寫完？我們可都等急了。」

曹雪芹於是向兩位好友解釋了個中原因。一是《石頭記》如何結局，他還在認真斟酌；二是度日艱難，需投入精力張羅吃穿，因而既不能保證安坐書房，又影響心境情緒，致使寫作進度不能很快……

老友相逢，都分外高興，彼此談思念，談境況，更少不了談曹雪芹的南行。

「芹圃，您怎麼就離了尹家呢？」

「唉，他家的先生，哪裡是人當的？你不記得富良的老子說過，『我雇的這些先生都太不好，等我花錢買一個，準比這個強。』你想給這種混帳人家當先生，還能是人？簡直是貨了！」屋裡的幾個人一齊哄堂大笑。

「聽說他們還給您加了罪款，下了逐客令，是嗎？又是怎麼回事，什麼罪名？」

「什麼罪名？那叫做有文無行。」

敦敏、敦誠大吃一驚，「這是怎麼說？！」

「嗐，還不是那兩件：一是說我寫小說講故事，這不是當

先生該做的；二是我見他們家待丫鬟們太狠毒，太不當人了，我想方設法地搭救了兩個，逃出了火坑。她們後來偏要來謝我也太多餘。可就讓主家知道了，就說我是安著邪心，勾引他家的使女！你說說，在這世界上，做點兒好事都是犯法的！」說畢，一聲長嘆。大家默然。

「芹圃，我一想起您，就想起詩聖老杜給李白的那首詩，我只改兩三個字，就贈給您，最是恰切了！你聽：『不見曹君久，佯狂真可哀。世人皆欲殺，吾意獨憐才。敏捷詩千首，飄零酒一杯。西山著書處，相約好歸來。』你看如何？！」

曹雪芹一聲拍案，把酒震灑了，一面起身大笑，拉住敦誠的手，「你改得好！真好！可我怎比李太白？當不起，當不起！」

敦敏忽見曹雪芹腰間繫著一塊古玉珮，形極古雅，光瑩可愛，便說道：「芹二爺果然不愧是世家，窮到這個分兒上，還有這麼少見的古玉掛在身上呢！」

曹雪芹笑道：「哪裡哪裡。我可難與城裡那家貴公子相比，窮得飯都吃不上，桌上一個大綠玉盤盛東西，那玉潤得像一汪水。洗臉是一個烏烏塗塗的舊盆，沉甸甸地壓手。有一天他的老丫鬟高起興來，打磨了一下，嚇了一跳──原來是個金的！我拿什麼比人家？這玉是去年在江寧有人給的，他說受過先祖父的恩德，無可為報，送給我作個念想的。」

生命的最後歲月

「江寧還有人記得你們吧？」

「我原先也不知道我們曹家這號人值幾文錢，可一到江寧，傳開了，幾乎天天有人請我去吃酒，談先祖時的事情。那真像說書一樣！他們沒想到還有我這個不成器的子孫後代，倒把我當了寶貝，輪流著請。這樣，我倒省了飯錢盤纏。聲氣大了，也引起了別人的猜忌……」

大傢伙兒聽入了神。三人沉默了一會，各自想著心事。半晌，敦敏才又關切地問：「芹圃，聽說畫院來邀過你，你何不應承下來？那裡可是有一份不菲的薪俸可拿的啊！」

「事情是有的。皇家畫院的人來找過我，說像我這樣的畫藝到畫院去也是一把高手。」

「那你準備怎麼辦？」

「我當然是不會去的。」

「這又是為什麼？」

「我當然有我自己的考慮。」

曹雪芹這麼一回答，敦氏兄弟又不明白了。因而他覺得有必要向他倆作一番解釋：「你們兩位都知道唐朝畫院裡的那位供奉閻立本吧？閻立本的畫技和文名，在當朝來說應該也是數一數二，享有很高地位的。可是一旦到了畫院，那就得被人呼來喝去了。

「比如有一天，正當皇帝和一些達官貴人泛舟游賞時，那皇帝忽然來了興致，像喚一隻狗似的招呼閻立本道：『喂，你過

來，速速將我們泛舟遊園的情景畫下來！』可憐那位大畫家，立時羞得滿臉通紅，但在皇上的淫威下，也不得不立即伏地描摹，研丹吮粉，直弄得一脖子的臭汗。你們兩位想想，我，曹雪芹，頂天立地的一個漢子，能去幹這個事嗎？」

敦誠說：「芹圃，你想得對！哥哥主要是考慮你的生活境遇，所以很希望你能應召。但我認為，你這個人，就如一艘不繫的小舟，是不能將你關在船塢裡不動的。所以還是我以前寫詩勸你的那句話：『勸君莫叩富兒門』。與其被人呼來喝去，『不如著書黃葉村』。」

敦敏聽罷他們兩人的話，知道曹雪芹的主意已定，於是又將話題引到了《石頭記》這部書稿上：「近來讀《石頭記》的人可不再是一些熟識的朋友啦！有好多人讀過之後都說，這部書是芹圃老兄用來寄託自己身世感慨的。但也有人說……」

「說什麼？」

「說你這種書還是不看的好，說不定那裡面有什麼關礙的話，將來會有麻煩。」

聽敦敏這麼一說，曹雪芹馬上想起了以前從金陵潛回北京的遭遇。怎麼，這件事已經傳播開來了？這倒是要引起特別注意的。因而他辯白道：「其實，我老早就在書裡聲明過：我的書不敢干涉朝廷。有些人沒看過我的書就這麼胡亂猜想，實在是無聊透頂。」

「那麼，我說你是在用《石頭記》抒發個人的身世感慨，這沒錯吧？」

「這倒是有一點的。例如書中借幾個人物之口說到幾次接駕，銀子花得像淌水似的，的確是我們曹家上一輩的事。但是若說這本書裡寫的完全是我們曹家的事，那就未免迂闊了。

「比如書中寫到賈家許多穢事，難道我曹雪芹發瘋了不成，把自己家的醜事公諸天下，把我的一些長輩都醜化一遍？不會的嘛！我只不過是將一些耳聞目睹的很多大族人家興衰的事，多方收集再加以渲染，然後精心編綴成一個比較完整的故事而已。」

「那寶玉呢，是否確有其人？」敦誠又問。

「寶玉嘛，應該說完全是我虛構的一個人物。不信你倒仔細排排看，你們跟宗室裡的那些貴族子弟接觸多，差不多都認識，那些有著三妻四妾的公子哥兒，有哪一個配做他的模子的？」

「他真的只是我的想像，也是我的一個理想。人們猜想的可能是誰誰誰，不對的。是不是我自己？也不是的。但是我喜歡他，當寫到他的一些反叛行為，寫到他所說的那一些狂悖言語的時候，我心裡就覺得非常痛快，就像他代我說出了胸中的鬱悶一樣。」

「因此，我只要一寫到他，就停不下來了，飯也不想吃，覺

也不想睡。在宗學當差時，晚上你們都回家了，剩我一個，一燈如豆，常常會寫到東方露白，才扔掉筆呵呵手，爬上床小睡一下。也有時寫到深夜，出門走到那棵老槐樹下去透一口氣。那夜晚啊，但見一勾彎月，欲隱西山，滿天星斗，萬籟俱寂。這時我會想到，我曹雪芹，在這茫茫天宇中，也就能留下這一部書稿啦！」

敦誠顯然對曹雪芹的這一番話很感興趣。他接著說：「這麼說來，芹圃，你對世事的確是看得十分超然了。怪不得你絕不去應那畫苑之召而一心一意寫你的《石頭記》了，是不是？」

「敬亭，今天我當著你們哥倆的面，可算是把話說透了：其一，我確實是不想再去當什麼官差了；其二，我對世事，倒是並不超然的。如果真像佛家那樣，一切看透，那我還寫那《石頭記》做什麼？不過，時已近午，咱們也別再超然了，還是喝酒要緊，是不是？」

敦敏、敦誠兄弟聞聽哈哈大笑，一邊起立一邊說：「芹圃，幾年不見，你還是未改詩人本性。那麼，就恭敬不如從命。新嫂子可能也已將酒菜準備齊了，咱倆可是頭一次品嚐她的廚藝哩！」

敦家弟兄早覺餓了，芳卿下廚做飯，不一下便端了幾樣酒菜上來。曹雪芹太興奮，酒也比平常加倍地痛飲起來，興致高極了。

後來有些醉了，那狂放之形、驚人之語越覺與往日不同。大家擔心他酒太過量了，勸住了他，讓他到內屋去臥憩，他不肯。這一席酒，果然喝得痛快，三人都略有醉意。敦敏、敦誠各自寫了詩送給曹雪芹，以表示對曹雪芹的同情和慰問。

敦敏的詩題作〈贈芹圃〉：

碧水青山曲徑遐，薜蘿門巷足煙霞。
尋詩人去留僧舍，賣畫錢來付酒家。
燕市哭歌悲遇合，秦淮風月憶繁華。
新仇舊恨知多少，一醉方休白眼斜。

這詩的前兩句，描寫出曹雪芹居住的環境。三四句，寫曹雪芹的行蹤和生活的苦況。五六句，道出曹雪芹一生的坎坷遭遇，燕市哭歌徒增悲，南國尋夢夢成空。尾聯二句，則點出他在「新仇舊恨」的熬煎中，依然保持著像阮籍那樣疾惡如仇的高潔人格。

敦誠的詩題為〈贈曹雪芹〉：

滿徑蓬蒿老不華，舉家食粥酒常賒。
衡門僻巷愁今雨，廢館頹樓夢舊家。
司業青錢留客醉，步兵白眼向人斜。
何人肯與豬肝食，日望西山餐暮霞。

詩的內容，與敦敏那首大致一樣。不過，敦誠詩裡對曹雪芹貧居山村的苦況，做了更為真切的描摹。「舉家食粥酒常

賒」，那該是怎樣艱難地度日！「日望西山餐暮霞」，夕陽殘照，晚霞滿天，景色是夠美好的，然而，暮霞又怎可療饑呢？自然景色再美好，也飽不了肚皮，那恐怕意味著，有時竟至到了斷炊的境地了吧！？

「司業青錢」，用唐代蘇司業借錢給鄭虔用來買酒的故事。杜甫有句：「賴有蘇司業，時時乞酒錢。」「豬肝食」，則是用了後漢閔仲叔的典故。據《後漢書》卷五十三記載：閔仲叔住在山西安邑地方，是個很有氣節的人。因年老家貧，無錢買肉，只能每天買豬肝一片。店主嫌麻煩，不肯賣給他。這事被安邑縣的縣官知道後，便指令縣吏照顧他。但閔仲叔不願為生活瑣事而牽累別人，竟離開安邑，遷居異鄉。

這兩首詩，以豪言壯語寫辛酸情狀，益增其悲憫之感，反映出曹雪芹晚年的窮愁潦倒，也再現了他窮不餒志、孤高不屈的嶙峋風骨。

「好詩！」曹雪芹大聲叫好，「尤其是『步兵白眼向人斜』這句，最為精彩。對這個社會，我們真得學學竹林七賢中的阮籍，要施以白眼，斜看人生了……」

話未說完，卻見妻子和敦敏走進書房，妻子對曹雪芹說：「你看，大敦叔叔又為方兒留下這麼多銀子！」

曹雪芹不禁一陣臉紅，他不好意思地搓著手，說：「唉，看你們兄弟倆總是這樣，叫我怎好意思啊！」

敦敏、敦誠又說了幾句寬慰的話，並再三邀請他們全家進城做客，說畢便登上來時的馬車，往回走了。

這年冬天，敦敏曾又一次來訪，不巧曹雪芹又外出，沒有見到，留下一首絕句《訪曹雪芹不值》：

野浦凍雲深，柴扉晚煙薄。
山林不見人，夕陽寒欲落。

凍雲晚煙，一派蕭索凄涼景象。曹雪芹悲慘的身世、落寞的晚境，豈不正像這沉沉欲落的夕陽嗎？敦敏觸景生情，不禁吟出這樣的悲歌，悵然而歸。

紅顏知己「脂硯齋」

在曹雪芹窮困潦倒的下半生中，除了有敦敏、敦誠兄弟以及張宜泉等一些知心朋友之外，更有一位紅顏知己「常伴」。她不僅給了曹雪芹巨大的鼓勵與安慰，更給了他相當多的實質性的幫助。

在曹雪芹創作《紅樓夢》的日子裡，有一位署名「脂硯齋」的支持者，為他作出了特殊的奉獻。

可惜的是，我們至今也不知道這位幫過曹雪芹大忙的知心朋友姓甚名誰。除了留下的一個別號「脂硯齋」，其他就什麼都不知道了。而且，她也從未在曹雪芹的生活中出現過，所以，就只能在「常伴」二字上打上引號了。

但是，透過仔細閱讀《紅樓夢》，我們還是實實在在地感覺

到了她的存在，以及她為《紅樓夢》、為曹雪芹所做的一切。

只是由於歷史的局限，她不便像當代人那麼張揚。她將自己緊緊地包裹起來，儘量不露出真實的形態。她願意為《紅樓夢》這部長篇小說奉獻一切，默默地、無怨無悔地工作著、工作著，直至曹雪芹告別人世之後，她還在為《紅樓夢》而忙碌。

儘管她埋藏得那麼深，但後人最後還是從《紅樓夢》的第二十六回，找到了有關她的一些「蛛絲馬跡」—— 因為她在批語中留下了這樣的一段話：「……回思將余比作釵、顰等一知己，余何幸也！一笑。」

這是脂硯齋的一段自言自語，但話說得再明白沒有了，就是：「回想有人將我比作釵、顰等人的一個知己，我怎有如此的幸運呢！」

如果她不是女性，又有誰會將她比作書中的那些女性人物的知己？如果她不是女性，而且又不是特別喜歡小說中那些女性人物的女讀者，她又怎麼會說出「余何幸也」這樣的話來呢？

後面的「一笑」兩字，也很有意思：是說我寫這批語，只是開個玩笑而已，並不是說因為有人將我比作釵、顰等人的知己，我就高興得不知東南西北了。這也流露出了作為一個女性讀者的細膩和周到。

還有，同是在那一回書中，寫到賈寶玉逗林黛玉，那位寶

貝兒用了一句戲劇臺詞：「若共你多情小姐同鴛帳，怎捨得疊被鋪床？」

「林黛玉登時撂下臉來，說道：『二哥哥，你說什麼？』」

「寶玉笑道：我何嘗說什麼？」

「黛玉便哭道：如今新興的，外頭聽了村話來，也說給我聽，看了混帳書，也來拿我取笑兒。我成了替爺們兒解悶的！」

不說寶、黛兩人怎麼打這場嘴皮官司，單說脂硯齋又在這段文字的旁邊寫下了這樣的四字批語：我也要惱。

這不很清楚地表明了，作為一個女性讀者的脂硯齋，她是完全站在林黛玉的立場來看待這一場口角的，就好比是說：賈寶玉向林黛玉說這種非禮的話，要換成我是林黛玉的話，也一定會被他氣哭的！

脂硯齋，這位偉大的女性，無疑又是處於孤獨寂寞中的曹雪芹的一抹溫暖的陽光。更確切地說，她不光是帶給了曹雪芹溫暖和安慰，而且她還全程參與了這部《紅樓夢》的創作，是一位完全拋卻了個人功利的支持、鼓舞曹雪芹的合作者。

她所做的工作，包括情節的修刪、書稿的整理、文字的謄抄甚至逸文的補寫。特別是她所作的批語，對後人了解曹雪芹和《紅樓夢》，可說是留下了非常寶貴的資料。

首先，是她幫曹雪芹選擇、確定了這部長篇小說的名字。

我們讀《紅樓夢》第一回，可以知道這部小說的名字曾有過《石頭記》、《情僧錄》、《紅樓夢》、《風月寶鑒》、《金陵十二釵》等好幾個。

在介紹過那些題目的來龍去脈之後，曹雪芹寫道：至脂硯齋甲戌抄閱再評，仍用《石頭記》。這是結論性的一句話，由此可知曹雪芹當時是完全按脂硯齋的意見辦的。

在《紅樓夢》的創作、修改過程中，脂硯齋常常根據自己對作品的深刻理解而建議曹雪芹對一些情節作一些必要的修刪。

這種例子很多，最典型的一處是在《紅樓夢》的第十三回。這一回書，曹雪芹原稿中有「秦可卿淫喪天香樓」一節，脂硯齋認為這種據實描寫不妥。在批語中她說：「……因命芹溪刪去天香樓一節，少卻四五頁也。」

曹雪芹完全尊重了她的意見，所以我們現在所讀的《紅樓夢》，其第十三回就變成了「秦可卿死封龍禁尉王熙鳳協理寧國府」。關於秦可卿如何「淫喪」的過程和細節描寫通通刪去不見了；或者說，原先的直露描寫變成了現在的隱筆暗寫，作品的格調就大大提升了。

請特別注意「脂評」中的這一個「命」字：「因命芹溪刪去……」她怎麼能用這樣的口氣說話呢？

因為在我們現在的習慣語境中，好像只有領導對下屬、老師對學生，才能用「因命」去做什麼什麼這樣的口氣說話。200

多年前，那時的等級和上下尊卑應該更加分明，脂硯齋怎麼會用「因命芹溪刪去……」這樣的語氣來說這件事的呢？

合理的解釋只有一個，那就是他們確實是合作多年的知心朋友，所以才敢用「因命芹溪……」這樣的多少帶著點玩笑成分的口氣說事，讓後人讀時感覺到更真實更可親。

關於這一點，只要我們在讀《紅樓夢》的同時再隨時讀讀她所作的「脂評」，就一定會留下更加深刻的印象。

比如第六回「脂評」：「……借劉嫗入阿鳳文，送官花寫金玉初聚為引，作者真筆似游龍，變幻難測，非細究至再三再四不記數，哪能領會也？」

第十一回「脂評」：「……幻情裡有乖情，而乖情初寫偏不乖。真是慧心神手。」

第五十七回「脂評」：「寫寶釵、岫煙相敘一段，真有英雄失路之悲，真有知己相逢之樂。時方午夜，燈影幢幢，讀書至此，掩捲出戶，見星月依稀，寒風微起，默立階除良久。」

第七十四回「脂評」：「……文氣如黃河出崑崙，橫流數萬里，九曲至龍門，又有孟門呂梁峽束不得人海，是何等奇險怪特文采，令我拜服。」

「慧心神手」、「不負大家後裔」、「聖手神文」、「令我拜服」等語，可謂寫盡了她對曹雪芹的理解與崇拜。尤其「默立階除良久」這一段，那種被曹雪芹小說所深深打動的描述，我們今

天的讀者即使未讀《紅樓夢》，單單讀她的這一段評語，心弦就已經被撥動了。

正是抱著這種既崇敬又親近的態度，脂硯齋與曹雪芹相依相伴，不厭其煩地為他做著許多拾遺補缺的工作。一字字地校對、修補、刪改，這種工作既瑣碎，對全書似乎又無關宏旨。但如果不做，任其缺失，雖是「白璧微瑕」，那也畢竟是留下了瑕疵，會令後人遺憾的。

第二十六回「蜂腰橋設言傳密意瀟湘館春困發幽情」，文末「脂評」記：「獄神廟回有茜雪紅玉一大回文字，惜迷失無稿，嘆嘆……前回倪二、紫英、湘蓮、玉菡四樣俠文，皆得傳真寫照之筆，惜衛若蘭射圃文字迷失無稿，嘆嘆。」

說明《石頭記》這部小說在當時就有很多人借閱，致使文稿在流轉過程中常常有章節缺失的情況發生，時時要令脂硯齋發出連連的嘆息。

當然，有時就不光是嘆息，不光是代為補寫一些零星的缺失文字，幾乎是整回的代寫了。如據研究者考證，《紅樓夢》庚辰本第七冊自第六十一回至七十回，實共十回書，卻缺了第六十四、六十七回，待到較晚的本子，這兩回書就補全了。是曹雪芹自己動手補全的嗎？不是，因為那裡面有許多破綻，被定為偽作。而從這偽作的年代和質量來說，又只可能是出於脂硯齋之手了。

生命的最後歲月

　　最重要的，是脂硯齋還為這部《紅樓夢》寫了「凡例」，並將之放在整部書的卷首。這就有點像當代人為一些重要的著作所作的「導讀」了。

　　這篇導讀可是寫得太好啦！特別是文中所題的那一首總詩，其最後兩句「字字看來皆是血，十年辛苦不尋常」，可謂道盡了曹雪芹寫作《紅樓夢》的全部心血，非常有助於我們深入地了解作者曹雪芹寫作此書時的苦心孤詣和慘淡經營。

　　當初在曹雪芹離京南下的這一載有餘的時光裡，脂硯齋也是最想念他的人了。她受曹雪芹重託，在二人不能相聚時，為書稿多下工夫收拾整頓。

　　脂硯齋果然不負所托，到乾隆二十五年秋日，已經編整出一部四次評閱的本子；內中仍有短缺文字之處，空著等待曹雪芹回來。

　　曹雪芹在江南，也不會空閒，又寫出了不少章回。脂硯齋日夜盼望著曹雪芹的歸來。這天曹雪芹託人捎回來一個包裹。這個包裹不是財物，而是一大摞新的書稿！脂硯齋十分興奮，細細地閱讀起來。從脂硯的批語來推斷，她與曹雪芹並不是能夠經常聚居的。

　　她的批書是在與曹雪芹不能會面時作的，那隔離著的情況，從批語口氣中有明顯的透露。這當然可能是因為曹雪芹出外南行了。

　　但是這裡面還有別的緣故，是被迫分開的。這也許是由於生計上的問題而不得不另作安排。也有可能是被迫而暫避，因為他們二人的重會在當時輿論的目光裡是不合法的，是不光彩的事情，有人施加了壓力，逼他們離開。敦家弟兄的詩所說的「燕市哭歌悲遇合」，包含著這種難言的悲劇性故事。

　　脂硯齋，多麼不平凡的一位封建時代的知識女性！曹雪芹有這樣的一位知音長期相伴、相幫，也真是三生有幸了。

近鄰好友鄂比

　　從南方歸來，有了芳卿這樣一位賢惠能幹而又富有才情的新婦相伴，對於又一次受了刺激的曹雪芹來說，實在是一種很大的精神安慰。二人相敬如賓，相濡以沫，苦日子中也自有一絲甜蜜和樂趣。

　　前妻留下的方兒，已經長到八九歲了，聰明乖巧，活潑可愛，也肯聽話，曹雪芹很是愛憐。這是曹雪芹唯一的骨血，也是他精神的唯一寄託和希望所在。

　　坐吃山空，生計是越加艱難了。當年初回北方時，雖說被抄家近於掃地出門，但終究隨身還有一些攜帶。特別是爺爺遺留下來的一部分書籍、字畫、古玩，從抄家餘劫後散失遺落的棄物裡挑揀了一些帶在身邊，仍不失為傳家的寶物。可是，只因為日子過得慘淡，時不時已經陸陸續續拿到琉璃廠海王邨舊

書肆或古玩店賣掉了。

現今手頭上還珍藏著一套《全唐詩》。那是爺爺楝亭公當日在江寧織造任上監刻的保留精印本，是精選的開花紙印的，高麗紙做的磁青皮，細錦包角，精紋織錦的函套，每本都蓋有曹寅的藏書圖章。這是祖父奉旨給康熙皇帝監製時，特為精印、精裝的幾部中自己留下的一部。爺爺最為喜歡和推崇唐人的詩，曹雪芹受爺爺影響，從少年時期起也嗜讀若命，幾乎天天都要展卷誦讀，愛不釋手。

「二少爺，您把這書用包袱包起來做什麼？」芳卿見曹雪芹把《全唐詩》不再放回書箱，而是用一張外出時包裹衣物的白包袱皮，把書通通兜在裡面，便不解地問。芳卿平日說話，仍沿襲 30 多年前在南方的慣用語，稱呼曹雪芹「二少爺」。

「唉，糧食一點沒有了。一家三張嘴，嗷嗷待哺，吃飯要緊啊！再說，方兒太小，又瘦弱多病，小孩子家怕是熬不住的。」

「不，不，就是把我賣了，你也不能拿太老爺這套書去賣掉。要賣，就先拿我從南方帶來的那幾副錦樣賣出去，換幾個錢，先貼補著用。」

「那怎麼成？！你那幾副錦樣，都是絕品，怎麼捨得輕易就捨棄呢？」

「不妨事的，反正圖案我都已經描畫下來了，也不可惜。」

　　曹雪芹終於拗不過芳卿的一片誠心，這一次還是先把芳卿帶過來的幾片錦樣，拿去賣掉了。可憐巴巴僅換回來三四兩散碎銀子，曹雪芹從集市上買回些糧食勉強度日。芳卿知道曹雪芹嗜酒，就又去到村頭上酒店裡，為曹雪芹打回一瓶老酒來。

　　「滿紙荒唐言，一把辛酸淚。都雲作者痴，誰解其中味？」曹雪芹決心抓緊時間，把《石頭記》後三十回寫下來。這回南行收穫還是不小，親眼見到的人事滄桑，有意訪問過的親朋故舊，都給了他許多新的感受，激發他進行新的思考。

　　故事的結局更明晰了，他意識到寶玉到最後只有一條路可走：出家做和尚。這世道太黑暗，太不公平了，遁入空門，或許是他最後的抗爭！

　　他不顧一切地，趴在炕沿上拚命地寫作。白天時間不夠用，晚上在一豆燈光下，奮筆疾書。往往是寫一陣，停下筆來嘆息一回。有時候寫到傷心動情的地方，竟會小孩子般放聲「嗚嗚」痛哭起來，驚動得芳卿趕快過來安慰他，用手帕為他拭擦眼淚。

　　偶爾出門去，曹雪芹也總是將紙筆卷藏在腰間。當時人們大多穿長袍，紙筆揣在懷裡，外面一點顯露不出來。在外面與人交談，聽到別人講話中有用得上的話，或者見到眼前有些特點的一景一物，他便即刻解開包袱，藉著一塊石頭，或一個樹墩子，鋪開紙，蘸飽墨，提筆就寫起來。有時甚至痴痴地和石頭說起話來。

生命的最後歲月

　　據說有一次，他跟人在茶館裡聊天，說著說著突然站起身，拔腿就往家裡跑。有人好奇，緊跟他身後去看，等趕到曹家看見他已經趴在炕沿上寫他的書了。不了解他癖性的說他痴，甚至說他大概是犯了瘋病。了解他的人，都佩服他處處留心好學，有股子毅力。如此坎坷的境遇，寫書這事要放在一般人身上，恐怕早打退堂鼓了。有人不解，飯都吃不上了，還寫哪門子書啊！曹雪芹卻把寫作《石頭記》當成了他的生命。

　　俗話說：遠親不如近鄰。曹雪芹晚年在山村的貧居生活，多虧了他有一個好鄉鄰，那就是外號鄂三的鄂比先生。

　　鄂比是旗人，屬鑲白旗。據說他的先祖在外做過官，不知道犯了什麼罪，被拔旗歸營，回來居住。他姓鄂卓爾，又自稱鄂蘇拉氏。鄂蘇拉氏係滿語，意思是大白丁。

　　他這麼自稱，實際包含著對社會的不滿與牢騷。他粗通文字，能寫善畫。這鄂比為人爽直，見義勇為，肯於急人之難，打抱不平，也是生就的一副傲骨。又生性幽默，愛開個玩笑，時常鬧點惡作劇，挺招人喜歡。如今在香山一帶，關於他的傳聞還很不少。

　　他家住在正白旗村北上坡下面，距曹雪芹住處不遠。他聽說曹雪芹能詩善畫，為人正直豁達，心裡十分傾慕。在日常交往接觸中，兩人秉性相投，很能談得來，天長日久，便成了推心置腹的好朋友。

　　有一年的除夕，鄰人贈給曹雪芹一副對聯，內容是：「遠富

近貧，以禮相交天下少；疏親慢友，因財絕義世間多。」贈這對聯的就是鄂比，人稱鄂三爺。

他們二人有許多相同愛好：畫畫兒，吟詩，喝酒。鄂比沒有曹雪芹畫得那麼好。曹雪芹的畫高雅灑脫，鄂比畫得比較粗俗一些。但鄂比潑墨大膽，有時粗俗中也能透出些俠骨膽氣。

有一年，香山小府村張家大財主，外號張瘤子，聘請鄂比去給他家新起的宅院畫影壁。這張家開設醬菜廠發了大財。一次乾隆遊香山，吃到了張家醬菜廠的醬菜，誇說味道好，甜脆適口，色味俱佳，隨即御賜「天義」二字。從此，張記「天義醬菜」出了名，成了皇宮貢奉。

鄂比心裡想，你張財主別蹬鼻子上臉，有了幾個臭錢燒的，我偏不侍候你們這種比醬菜還黑的黑心人！

這事讓曹雪芹知道了，便勸鄂比說：「鄂三爺，幹嘛不去呢？畫筆在咱手裡，聽咱使喚，正可以借這機會噁心噁心他！」兩人如此這般，商量出了一個好主意，鄂比滿心歡喜地應徵去了。

鄂比來到張家，張財主好酒好菜款待。只兩天時間，一幅丈二影壁就畫完了。大家一看，畫的是一幅青面獠牙的小鬼推磨圖。

張財主先是不悅，新宅院裡畫個鬼，怪不吉祥的。後來轉念一想，對，我腰纏萬貫，就是「有錢能使鬼推磨」！讓窮小子們看看，今後誰敢不聽我使喚！

　　張財主正待高興誇耀一番，沒想到鄂比開了腔：「俗話講『有錢能使鬼推磨』，可我畫的小鬼，偏偏不給張家老爺推磨！不信，瞪大眼睛再仔細瞧瞧！」

　　大夥兒仔細一瞧才明白，這個小鬼只有一條腿，那神態好像畫的就是「瘸腿張」。張財主明白過來，氣得臉色焦黃，差點兒暈過去。他金雞獨立的那條腿一哆嗦，一跤摔了個大馬趴，栽倒在地上。

　　嗜酒狂飲，更是他倆的共同愛好。曹雪芹這次從南邊回來，生活境況更不如前，有時候連舉家食粥都做不到了，哪還有錢去打酒！但是酒痛難熬，兩人還是經常到附近小酒店裡賒欠喝兩盅。

　　一天，二人又來到小酒店喝酒，可兩個人口袋裡分文皆無。酒店主人猶豫了一下，使了個眼色讓夥計端上來了一碗酒。掌櫃的本是想借此怠慢他們，不想鄂比和曹雪芹一遞一敬，你一口，我一口，喝得滿開心。喝乾一碗，又要一碗，一氣兒喝了五大碗。

　　酒喝完了，曹雪芹說：「掌櫃的，先記上帳吧！」掌櫃先是一愣，然後說：「曹二爺的前帳還沒清哩！」意思是這次不能賒欠了。

　　已經半醉的鄂比二話沒說，解下曹雪芹系在腰間的白包袱皮，取出紙筆，當場揮筆畫了幾枝青竹。曹雪芹接過筆，又抹

了幾塊嶙峋怪石，然後交給掌櫃的，說了聲「咱們明兒見」，便拉著鄂比揚長而去。

　　過了兩天，二人從這小酒店門口經過，掌櫃的眉飛色舞地迎了出來，說：「二爺，您跟鄂三爺畫的那張竹石圖，有人給 10 兩銀子，我給出手了！銀子都在這兒呢。」

　　曹雪芹揚揚手，一笑說：「一兩銀子還酒帳，剩下的先存在你櫃上吧！」

　　這一傳說或許不無誇張，但曹雪芹用賣畫錢來付酒家，卻是千真萬確的生活實情。鄂比仰慕曹雪芹的學問與為人，跟著曹雪芹學書法、繪畫。鄂比贈曹雪芹的那副對聯，真跡猶存，予人以悠悠遐思。

　　曹雪芹晚年貧病交加，鄂比對貧病中的曹雪芹給過許多照料，閒暇時還替曹雪芹抄寫整理過書稿。他們的一段真摯友情，確實是十分珍貴的。

槐園酒館敘舊情

　　乾隆二十七年秋天，曹雪芹冒雨從山村踽踽獨行，一大早就趕到了敦敏的居處槐園。

　　槐園在宣武門內太平湖畔。淅淅秋雨中敦敏的家門緊閉著，大約還沒有起床。曹雪芹就在槐園門前廊下暫且避雨，為了驅寒不時來回走動著。

正在這時，忽見一人遠遠走來，腰間掛著佩刀。因來人披著蓑衣，戴著斗笠，走近才看清竟然是敦敏的弟弟敦誠。

敦誠也是萬萬想不到有這種巧事，一個勁兒地說：「奇了奇了，天下竟有這等巧事！我平常也不怎麼到哥哥的府上來，即使來，也不會是這麼早，更不會這種天氣來。這次是感到心情不好，才來找哥哥敘敘的。」

見到曹雪芹，敦誠分外高興。他見曹雪芹衣衫單薄，一大早走這麼遠的路，必定早已酒渴如狂了，便拉著曹雪芹就近走入一家小酒館，要了酒菜，二人對飲起來。

曹雪芹告訴敦城，他的《石頭記》後三十回，就要寫畢封筆了。家境艱難，兒子方兒身子不大好，一直瘦弱多病。不過，舉家食粥也過得習慣了，困苦壓不倒人，沒有什麼了不起的。

敦誠見他還如以往一樣豁達樂觀，也就放心了。

待他們酒足飯飽，準備離席而去時，只聽敦誠輕輕喊了一聲：「糟糕，一早兒出來，竟忘記帶錢了！」曹雪芹下意識地掏了掏兜兒，囊中空空。他早已一文不名了。正在二人情急游移之際，敦誠「叭」一下取下佩刀，遞給酒保說：「暫做抵押，回頭取錢來贖。」

曹雪芹深為朋友的豪爽感動，興之所至，即時作了一首長歌，謝敦誠「解佩刀沽酒而飲之」的至誠。可惜這首長歌已不復存在。只有敦誠寫的〈佩刀質酒歌〉一首，收存在他的《四松堂集》裡，記下了這次富有戲劇性的豪飲。

詩首小序云：

秋曉，遇曹雪芹於槐園，風雨淋涔，朝寒襲袂。時主人未出，曹雪芹酒渴如狂。余因解佩刀沽酒而飲之，曹雪芹歡甚，作長歌以謝余，余也作此答之。

敦誠的〈佩刀質酒歌〉也是一首長詩，敘寫了他們相聚相飲的歡快情懷，結末有這樣數句：

曹子大笑稱快哉，擊石作歌聲琅琅。
知君詩膽昔如鐵，堪與刀穎交寒光。
我有古劍尚在匣，一條秋水蒼波涼。
君才抑塞倘欲拔，不妨斫地歌王郎。

曹雪芹杯酒下肚，膽氣逼人，朗聲大笑，擊石作歌。這種旁若無人、雄視千古的豪邁氣概，正是英雄本色。敦誠為他敢笑敢罵而高歌，也為他生不逢時，「君才抑塞」而不平。

不期然，這一次槐園與敦敏、敦誠兄弟的相聚，竟成了他們的永訣。

痘疹流行子先殤

曹雪芹在北京西郊的小山村裡一住 10 年，生活困頓不說，有時甚至還要受官兵的氣，日子真是過得非常艱難。

幸虧這一部《紅樓夢》的初稿是早已完成了的，現在所要做的主要是一些增刪修補和進一步完善的工作。否則，一邊要為生活奔忙，一邊又要靜下心來撰寫長篇小說，也實在是有點勉為其難了。

更何況，由於長期的生活困頓，又熬夜寫作，曹雪芹的身體是一年不如一年，眼看著慢慢地就垮下來了。偏偏又是流年不利，北方地區，先是連著兩年的雨澇，到處鬧洪水災害。天災加上人禍，真弄得有點民不聊生了。

進入乾隆二十八年癸未，老天像是有意與人作對，正好與往年反了個樣，這回像是再也無雨可下了。一開春便是大旱，春播春插都進行不了啦！

俗話說「種瓜得瓜，種豆得豆」，不種不是什麼都得不著嗎？這一來，連皇帝老兒也急啦！但那時又沒什麼人工降雨之類的科學辦法，唯一的舉措就是向天禱雨。這是一種封建迷信的求雨方式，但雨是你能叫得來的嗎？

另外，就如敦誠詩中所記載的情景：「蠲詔無虛辰，常平百萬石，度支千萬緡。」拿出國庫中的那麼多錢幹什麼呢？開粥廠賑濟災民。但真正能到老百姓腹中的東西又能有多少，倒是

又給貪官汙吏帶來了一個貪汙、中飽私囊的好機會。總之，街上是物價飛漲，糧米變成了珍珠寶貝，老百姓的日子真是苦得沒法過了。

清朝有位名叫蔣士銓的詩人，他在一首詩中寫道：「是時饑民去鄉邑，十室已見八九局。」是說那時候的饑民背井離鄉，十戶人家有八九家關門落鎖去外地逃荒要飯去了。

這種年景，對本來就處在困境中的曹雪芹來說，無疑是雪上加霜，生活艱難不說，心情也更惡劣了。這兩者合在一起，就使原來就垮掉了的身體更加衰弱，精神也日漸委頓了。

由於生活的困苦，本來就虛弱多病的方兒，瘦得更不成樣子，簡直成了蘆柴棒模樣了。曹雪芹和芳卿內心裡都很酸楚，覺著這麼小的孩子受這麼大的折磨怪不落忍的。殊不料，「屋漏又遭連陰雨，船破偏遇頂頭風」。這是在歷史上也有明文記載的事實：這一年的春夏之交，京城開始流傳痘疹，因當時尚無科學防治辦法，因此釀成慘禍。

在接種牛痘之法引進之前，出痘幾乎成了人生的一個大關！不僅是小孩，即使成人一被傳染便幾乎是死路一條。也不僅是普通百姓，即使王公貴族乃至皇帝王妃難逃厄運。比如，傳說中去五臺山出家的順治皇帝，便是出痘死的。

還有，滿洲的那些大將軍，叱吒風雲，轉戰邊關，真正中刀中箭戰死沙場的並不多，但一場痘災卻讓他們倒下一批。

　　那時候，蒙古王公要想進京覲見皇上，是必須隨帶健康證明的，那便是要證明你是不是已經出過痘了。只有出過痘的熟身才能進京，未出過痘的生身因為怕傳染是不許進京的！

　　也許是因為連年災荒，人的抵抗力減弱，所以出痘之事雖然年年都有，唯獨這一年，也就是乾隆二十八年癸未年來得特別兇猛，從而釀成一場空前的大慘劇。

　　從3月至10月，有9個城門的北京內城，出痘少兒達17,000多個。郊區因出痘而死的人更是不計其數，十家人家的幼兒剩活的也就一兩個！

　　敦誠的記載更直觀、具體。他寫道，「燕中痘疹流疫，小兒殄此者幾半城，棺盛帛裹，肩者負者，奔走道左無虛日。」

　　「初阿卓患痘，余往視之，途次見負稚子小棺者奔走如織，即惡之。」

　　路上背著小棺材的人奔走如織，疫病肆虐的情形的確是非常嚴重了！壞消息不斷地傳到曹雪芹的耳中，先是其摯友敦家，一門就死了好幾個人：「阿卓先，妹次之，姪女繼之。」「一門內如汝姑、汝叔、汝姐、汝兄，相繼而殤……」

　　緊接著是近在緊鄰的好友、那位村塾的老師張宜泉家。他們兄弟兩戶人家4個小孩有3個被痘疹奪去了生命！壞消息就這樣不時地傳人貧病中的曹雪芹耳中。

　　他一邊為好友與鄰舍的痛失愛子愛女而痛惜，另一邊又不

能不一遍遍地仔細審視自己身邊所剩的唯一的愛子方兒，日夜提心吊膽，擔心痘疹這個惡魔也會不期而至。

這孩子雖因為缺吃少穿，長得像根豆芽菜似的瘦弱，卻是絕頂的聰明。他的歡笑和無忌童言，已經成了唯一能帶給曹雪芹一點滿足和安慰的天籟之聲了。

然而，越擔心發生的事情，偏偏就真的發生了。這一年的秋天，他的愛子方兒，也終於難逃厄運，他開始發燒出痘了。

在當時，能用來治痘的具有清心和鎮驚功能的最好的藥材，是極為貴重的犀角和牛黃。曹雪芹本來就衣食不保，又哪有這個經濟能力來為愛子搜求這些藥物呢？

因而就只能眼睜睜地看著自己的愛子日漸垂危，最後夫妻倆就這麼眼巴巴地看著被這可惡的痘疹奪去了他幼小的生命！

曹雪芹發狂似的抱著兒子哭叫：「方兒乖乖，你不能死，你不該死！該死的是爸爸！我對不起你，也對不起你死去的媽媽啊……」他哭得是那麼傷心，簡直就要暈死了過去。

芳卿也哭得淚人兒一般。不過，她明白這時候最要緊的是勸慰曹雪芹，要他節哀。他要再有個三長兩短，這個家可就徹底完了。她扶住曹雪芹，幫曹雪芹把方兒又放回到炕上。她勸曹雪芹到外屋去歇歇，好為方兒淨淨身子，換一件乾淨衣服。

這一切安排停當，芳卿又快步走出門去。她是要去找鄂比老爺，叫鄂比幫忙料理一下方兒的後事。鄂比得知曹雪芹喪子

的不幸，感嘆不已。他知道曹雪芹家裡已無長物，就自己攜帶來幾塊平時作畫用的畫板，將就著釘了一個小棺木把方兒盛殮了，運到村外一處亂葬崗，就地埋葬。

失子的悲痛，幾乎要把曹雪芹的精神摧垮了。他每日怔怔地不說一句話。有時他一個人到兒子方兒的墳頭上，一坐就是大半晌，別人叫他，他好像也聽不見。有時又會突然放聲痛哭起來，驚得樹上的烏鴉「撲稜稜」亂飛而去。

含恨離世的大作家

對處在貧病中的曹雪芹來說，奪去了他愛子的生命也就等於奪去了他自己的生命。他悲痛萬分，竟數日不吃不喝不眠。他變得更加衰弱了。但他還是硬撐著，天天都要到愛子的小墳頭去低頭流淚，繞著墳墓徘徊。

在這種痛苦心情的支配下，酒也喝得更凶了。憂能傷人，充滿憂傷地喝酒更能傷人，慢慢地他也徹底病倒起不來了。

那些朋友敦誠、敦敏兄弟也好，張宜泉也好，一個個都沉浸在喪子的悲痛中，暫時也沒心思再去顧及遠在香山腳下的曹雪芹了。

鄂比時常來家勸解，可是不見效果。曹雪芹酒喝得更厲害了，那是喝苦酒，喝悶酒。只是在稍稍酒醒的時候，他要紙要墨，含淚趕寫他的書稿。

含恨離世的大作家

　　挨到了這一年的年末，終於有一天，曹雪芹也病倒了。鄂比一邊勸慰他，一邊幫他整理書稿，勸他來日方長，還是將養好身體要緊。曹雪芹眼裡滿含著淚花，嘴角卻流露出淡淡的笑，平靜地對鄂比說：「該寫的寫了，該罵的罵了，這個世界，我再也無可留戀的了……」

　　乾隆二十八年癸未的除夕，富人家正是爆竹聲聲，笑語歡騰的時刻，一代文豪曹雪芹，卻在貧病交加、極其淒涼悲慘的情境下「淚盡而逝」！這一年他還不到 49 歲。在鄂比這些鄰里朋友的幫助下，芳卿強忍悲痛料理丈夫的後事。

　　出殯那天，按習俗要撒一些紙錢。一位來幫忙的老婦人，見曹雪芹家沒有別的紙可用，就從曹家櫃底下找出一些寫了字的紙，剪了剪，權當做紙錢燒了一些，一路上又撒一些。及至鄂比和芳卿回來後發現，已經所剩無幾了。

　　可憐曹雪芹在最後歲月裡辛苦經營續寫的《石頭記》後三十回文稿，就這麼散佚了。也有人說，經鄂比趕快回頭去撿拾，大部分又找了回來。不過，這都是一些傳說而已。《紅樓夢》後幾十回之所以未能傳世，恐怕主要還是政治方面的原因。

　　正月初二，敦誠家的門上人來稟報主人，說有一老者求見，是曹先生家裡打發來的。敦誠心中甚喜，心想曹雪芹總是禮數週到，還想著大老遠的來人拜年，遂忙命快請進來。

　　進來一位農村打扮的老者，見面先行下禮去，口說叩頭，新春大吉大利！敦誠連忙攙起，作揖謝道：老人家您辛苦了，大

遠地進城來。話未說完,只見老者從懷中掏出一個素白的信封。

敦誠嚇了一跳,先不接信,忙問:「怎麼是白紙的?」

老者忍不住,淚滴於手,「曹二爺沒了。」

敦誠臉瞬時變了顏色,接信的手在顫動著。

「怎麼人就不行了?哪天的事?可留下什麼話?」一連串急切地問。

「二爺是年三十兒夜裡沒的。他家裡昨天就讓我送信來,我說大年初一,誰沒個忌諱,就推到今兒才來。」

「臨危有什麼說的嗎?」

「聽說是來不及說什麼就不行了。只聽說他說過,書給毀了,還沒弄齊,死也閉不上眼哪!」

「家裡呢?」

「家裡,那什麼也沒有,真叫可憐!病重時,也沒錢買副藥調治調治……」

曹雪芹的離世,使敦敏、敦誠兄弟無比悲痛,他們深悔自己對老友病未能在其側,歿未能臨其穴,更沒有盡到延醫搶救的責任。兩人準備了些東西,擇日到曹家弔唁,撫慰曹雪芹的遺孀芳卿。

在西山的一個隱僻處一小片平地,遠遠望去也可以辨出那是一座小墳頭,還是嶄新的,上面插著一枝白紙的銘旌幡,在寒風中飄動著。

「這就是一代奇才曹雪芹的歸宿嗎？上次見面還歡活的人哪……」

敦氏兄弟趕到此地，一見這景象，忍不住放聲痛哭。敦誠回來所作的兩首七律〈挽曹雪芹〉，留給了後世。憑弔生悲，招魂何處，寫出了一個真朋友痛失知交的悲懷，同時作為曹雪芹抱恨而終的見證——其一云：

四十蕭然太瘦生，曉風昨日拂銘旌。
迴腸故壟孤兒泣，淚进霜天寡婦聲。
牛鬼遺文悲李賀，鹿車荷鍤葬劉伶。
故人欲有生芻弔，何處招魂賦楚蘅？

其二云：

開篋猶存冰炭文，故交零落散如雲。
三年下第曾憐我，一病無醫竟負君。
地下才人應有恨，山陽殘笛不堪聞。
他時瘦馬西州路，宿草寒煙對落曛。

曹雪芹生前過從甚密的另一友人張宜泉，得知曹雪芹死訊後，幾天都吃不下飯去。他寫有〈傷芹溪居士〉一首，寄託沉痛的哀思。詩前還寫了這樣一段小序：「其人素性放達，好飲，又善詩畫，年未五旬而卒。」

曹雪芹的突然懸崖撒手，承受最大打擊的還是他的愛妻芳卿。曹雪芹有一口氣活著，二人總還能相依為命，這一去，可

生命的最後歲月

讓一個結婚未久即淪為寡婦的孤弱女子怎麼度日？據說，芳卿痛定思痛，曾用血和淚寫下了這樣一首〈悼亡詩〉：

> 不怨糟糠怨杜康，亂諑玄羊重克傷。
> 睹物思情理陳篋，停君待殮醫嫁裳。
> 織錦意深睥蘇女，續書才淺愧班娘。
> 誰識戲語終成讖，窀穸何處葬劉郎！

曹雪芹，一個曠世奇才，一代最偉大的小說家，就這樣默默地去了。人們真正認識他是一個時代的巨人，認識他的《紅樓夢》是中國文學史上最輝煌的傑作，那都是在他去世以後的事了。

隨著時間的推移，他的遺著《紅樓夢》偉大的思想社會意義和卓絕的文學價值，越來越為人們所認識，所推崇。儘管封建統治階級及其衛道士百般詆毀、焚禁，人們依然爭相閱讀《紅樓夢》，猶如春風吹綠大地一般，廣為傳播。

300 年來，《紅樓夢》成為一代又一代青年人爭自由、爭民主、爭婚姻自主的武器庫，反封建的教科書。一本小說，能有這麼大的思想影響和社會作用，這在歷史上是不多見的。

《紅樓夢》在文學方面的成就，更是前無古人，今無來者。一部小說，寫到了幾百個有名有姓各具個性的人物，個性那麼鮮明，形像那麼生動，令人呼之欲出。寶玉挨打，黛玉葬花，寶釵撲蝶，晴雯補裘，還有那精明、虛偽而又狠毒的王熙鳳，

貧窮、善良而又有點世故的劉姥姥,一個個都是生活中活生生的人,一個個都是光彩照人塑造極為成功的藝術典型。

遭篡改的《紅樓夢》

敦誠有一位幼叔,名叫額爾赫宜,由他把《石頭記》的一部抄本借給了永忠。永忠讀了之後,感動得不由自主,寫下了三首詩哭吊曹雪芹。

他說:「可恨同時不相識,幾回掩卷哭曹侯!」表示了極大的欽慕與憾恨。這已經是曹雪芹歿後 5 年之事。

傅家的明字輩有一個叫明義的,一生在御馬圈當差。他讀了《石頭記》抄本,寫詩 20 首,其末後兩首尤為重要。

莫問金姻與玉緣,聚如春夢散如煙。
石歸山下無靈氣,縱使能言也枉然。
饌玉炊金未幾春,王孫瘦損骨嶙峋。
青娥紅粉歸何處,慚愧當年石報倫!

可知明義所見抄本是曹雪芹原著,與現今流傳的一百二十回程高本不同。全書的一條主線是大觀園中眾女兒由聚而散,榮國府之家亡人散,是政治關係的慘局。

再後,到乾隆四十幾年上,新封睿親王淳穎得讀《石頭記》,也感嘆作詩,說曹雪芹的書是「英雄血淚幾難收」。這是第一個這樣提法的例子,異常重要!

生命的最後歲月

淳穎本是豫親王多鐸的後裔，順治時老睿親王多爾袞得了罪，削了爵，直至乾隆四十三年才命令恢復了這個王爵，讓淳穎過繼承襲爵位。

我們由這兒看到一個極有意味的歷史現象：清代的皇家貴胄，對本來是他們的卑賤的奴僕身分的曹雪芹，佩服得五體投地；對著他的書，為他流淚抱恨作詩抒感，思欲一識。並且開始認識，這不是一位一般的文家才士，而是一位英雄人物！

曹雪芹的意義與價值，並不是清朝帝制被推翻以後，由近代「新人物們的吹捧而抬高的」。

上面所敘的這些人是有福氣的，他們還能看到曹雪芹的原著真相。從那以後情況就不同了，億萬讀者所能看到的是一部真偽雜糅的拼配補續之本。

在此以前，《石頭記》只有抄本，價錢很貴，而且犯忌諱，不敢公然流傳，有辦法得到的也只能避人偷看。

有一位宗室，與乾隆是堂兄弟，名叫弘旿，是位著名的畫家，也能詩文。他就明白表示：「聞《紅樓夢》之名久矣，終不欲觀，恐其中有礙語。」由此可見當時人對此名著的認識是很複雜的，是有原因的。

奇怪的是，到乾隆五十六年，忽然出現了一部木活字排印的「全本」，長達一百二十回，號稱是曹雪芹原著散失之後，幸而復得其後半四十回殘稿的全本。

這個本子不但公開傳布，而且卷頭公然聲稱是名公巨卿的

鑒賞之書！此本一出，立時風靡天下，凡讀書的知識分子以至學者名流，幾乎人人案頭有此一書。

這個一百八十度的大轉變，極為驚人。這究竟是什麼力量能造出這樣一個斗轉乾坤的局面呢？原來這背後有一段重大的祕密經過。

乾隆時的最偉大的文化工作是下令收集全國的書籍，編纂一部規模浩大、包羅萬象的《四庫全書》。

這原本是一件好事，但皇帝出於政治顧慮，害怕世人還能看到金代到明代的滿漢兩族之間的歷史矛盾而引起分裂情緒，因而將很多有「礙語」之處暗暗地刪、改、抽換若干部分，最不容許留存的則全部焚燬，宮內武英殿設有專門焚書的大爐。

這個主意，是皇帝的一個名叫和珅的寵臣提醒和建議的。和珅後來擔任了內閣大學士，成為《四庫全書》的總編纂。他權勢極大，而品行不端，貪贓枉法。但是他生得清秀，又善於揣測聖意，還有一定的學識，非常受皇上喜歡。他就是那個名公巨卿，是指揮製造全本《紅樓夢》的總策劃。

據宋翔鳳傳述，《紅樓夢》是經和珅呈上，並且獲得皇帝然之的。這是指什麼而言呢？是說最後和珅將刪改、拼配的真偽雜糅的假全本呈與皇帝，得到了首肯，認為可以過得去了，命用皇家武英殿修書處活字版的辦法印製了，公開流傳！

這是一個十分陰險的不動聲色、偷梁換柱的歹毒手段，用以消滅曹雪芹的真原本。這件事，乾隆時代不少人知道，但不

敢明白記載，僅僅隱約其詞地暗示於題記之間，以便後世人還可以考察知悉事情的真相。

這個毒計並不是曹雪芹歿後開始的。壬午九月的索書甚迫，已然與此有關。曹雪芹、脂硯齋已在設法，考慮如何對付這個嚴重的局面。

第二年的曹雪芹之病重以至下世，雖然愛子夭亡也是一個傷害健康的原因，但更悲憤的還是壞人要毀壞他一生的心血。

脂硯齋終於沒有辦法保護全稿，只勉強將友人處分借的書稿湊齊了，可是已有獄神廟五、六稿為借閱者迷失了！零殘的細節，更不計其數。她一力苦撐，作了一些力之所及的補綴工作，勉強弄出了一個八十回的本子，以求問世。曹雪芹臨終的死不瞑目，正是這位奇才的深仇大恨。

敦誠輓詩的「鄴下才人應有恨」、「目豈瞑」，也正是指此而言。

曹雪芹歿後的 12 年，乾隆三十九年甲午的八月，脂硯齋在她自己收藏的一個抄本上的開頭處批道：

針對書中正文「滿紙荒唐言，一把辛酸淚。都云作者痴，誰解其中味」，這首詩能解者方有辛酸之淚哭成此書。壬午除夕，書未成，芹為淚盡而逝。余常哭芹，淚也待盡。每意覓青埂峰再問石兄，奈不遇癩頭和尚何？悵悵！今而後，唯願造化主再出一芹一脂，是書何幸！余二人也大快遂心於九泉矣。

甲午八月淚筆。

　　這就是脂硯齋下世之前最後寫的一段沉痛的批語，即可作為絕命詞來看了。

　　她流著淚祈禱。她表明曹雪芹淚盡而亡，抱恨的就是書未成。而所謂書未成，並非是說書未作完，不敢直言全稿之後已遭破壞不全，只能說未成。也不敢說希望真本必須永存天地之間，不容陰謀破壞，而只能說「再出一芹一脂，是書何幸！」這是多麼令人悲憤的深冤至苦啊！

　　這一對苦命知己，為這部書，苦鬥了一生，最後留下了這幾行痛心無比、抱恨無窮的淚墨。

　　曹雪芹的一生，並不是一本傳記所能表達的。如果要為他鐫刻碑文，最好的文詞應該就是脂硯齋的淚筆寫下的這一段可歌可泣的銘記。

生命的最後歲月

附錄

　　浮生著甚苦奔忙？盛席華筵終散場。悲喜千般同幻渺，古今一夢盡荒唐。漫言紅袖啼痕重，更有情痴抱恨長。字字看來皆是血，十年辛苦不尋常。

—— 曹雪芹

附錄

經典故事

「雜學」的愛好者

從乾隆改元到乾隆四年這段歲月，正是曹雪芹逐漸成長的重要時期，他正趕上了這幾年的嶄新氣氛的太平盛世。

這盛世新風使他得到了兩大方面的進展：一是更加迷陷在歌場舞榭的賞藝尋歡的放浪生活之中，二是更加開闊了自己的「雜學」天地。

由於大表兄平郡王府裡聘請了赫赫有名的謝濟世做世子慶明的老師，曹雪芹初次有機會聽到一位學者的不俗的講論，使曹雪芹受益匪淺。

然而，曹雪芹聰慧而好鑽研的天性，使他不會滿足於一個人的授業解惑，況且喜畫好詩的曹雪芹有些需要也是從他那裡得不到的。

於是曹雪芹還得自尋門路。他想到了祖姑傅家。曹家事發以後，曹雪芹祖父一生的藏書，大部分都被曹雪芹的祖姑設法弄到而保存了下來。

隨著曹雪芹年齡的增大，他就想辦法到傅家表叔昌齡處去求借書籍，自己用心研讀。

在傅家，他驚喜地發現祖父的書籍都安然無恙，而且大部分都是十分名貴的版本。曹雪芹借了許多唐宋以來的野史小

說、隨筆雜記之類的書，眼界大開。同時，他還閱讀了大量的古時的詩文名集，其中包括他祖父監刻的《全唐詩》。

最令曹雪芹欣喜若狂的是，一天他終於看到了祖父的《楝亭詩集》四大冊，簡直興奮得通宵難眠。

對曹雪芹來講，表叔的書房簡直是豐富極了，三面的大書架、大書櫃，高抵天花板，真是古語所說的「汗牛充棟」。

打開書看時，首頁上都有兩方朱紅的印記：一方是「楝亭曹氏藏書」，一方是「敷槎氏昌齡藏書」，有的還多一方「菫齋圖書」的印。

那書都紙如玉白，墨似漆亮，還有一種說不出名色來的幽香之氣味。這令曹雪芹感到了「書香」這個詞的真實境界。

這書香，也有書架書櫥的上等木料的香氣，還有為了防蠹而放入的藝草的香氣。這是一種華夏高級文化文明之香，堪以令人陶醉。

曹雪芹從祖父的詩句，深深地理解了這位高品位詩人的文筆之美和心靈之秀。這是多少先天、後天的優越條件把他培養成的？曹雪芹從此暗暗地自思自忖：應當繼承祖父的家學與詩風，做一個不入時流俗派的真正詩人。

他想：無論是《三國演義》寫爭雄鬥勝的文武將相，還是《水滸》寫逼上梁山的草寇英雄，如果剝掉了政治身分的外皮，就都是古人對於人才的讚美和詠嘆，包括惋惜與悲憤。

曹雪芹悟到：古人寫小說都是為了人物、人才，為了他們

附錄

的光彩與命運而留下的錦繡文章，感動著千古的讀者。但是這些人物、人才是如何產生的呢？如何看待他們的價值？這可是需要自己從頭思考、自出手眼的事。

　　大量地閱讀祖輩留下的藏書成了當時曹雪芹業餘時間主要做的事情之一，這為以後他的寫作打下了堅實的基礎。

授人技藝的風箏高手

　　曹雪芹是一位學識淵博、多才多藝的文人，不僅精於小說、詩詞，而且擅長繪畫、工藝美術，特別是對風箏的扎糊、繪製和起放有著獨到的研究和成功的實踐，可稱是風箏高手。

　　曹雪芹從幼年開始就喜歡做風箏、放風箏。他小時候生活在南方，後來又到了北京，對南方和北方的各種風箏都很熟悉。約在乾隆十九年，曹雪芹已從北京城裡移居西郊香山，以賣畫維持生計，十分窘迫，但還不時扎糊一些風箏。他扎的風箏不僅有燕、蝶、螃蟹之類的，還有人物的，繪法奇絕，五光十色，其中宓妃和雙童尤為精美。

　　一天，有位患足疾的朋友于叔度來訪，言及家中啼饑號寒的境況，又偶爾說到京中某邸公子購風箏，一擲數十金。曹雪芹想到家中還有些竹、紙，於是就紮了幾隻風箏送給老於，讓他去賣。

　　老于賣風箏居然得到重酬，從而解了燃眉之急。後來曹雪芹經常到老於那裡，幫他扎糊風箏，還為他設計新的譜式。從

此于叔度就以風箏為業，不僅所得足以養家餬口，而且漸漸成為製作風箏的著名藝人。

曹雪芹製作風箏的技藝除了傳授給于叔度以外，還教了敦敏的弟弟敦惠。敦惠也是一位腿有殘疾的人。他先是學畫，後跟曹雪芹和于叔度學做風箏。他也學得不錯，後來竟然以此供奉內廷。

敦惠的後人也以此為業，他的若干代孫金福忠就是近代北京風箏業內的著名人士。曹雪芹的風箏書稿雖未經刻印，但經人傳抄，又有于叔度、敦惠等人的傳播，他的風箏譜和製作方法在北京廣泛流傳，而且一直承襲了下來。據說到了民國初年北京幾家著名的扎風箏的用的都還是曹雪芹的圖式，可見其影響十分深遠。

撰寫製作風箏書籍

曹雪芹不僅幫助像于叔度那樣身患殘疾的人掌握一門手藝而謀生，還把自古以來有關風箏的資料和前輩的製作經驗收集起來，加以整理歸納，經過兩三年的努力，終於寫成《南鷂北鳶考工志》一書。

這部著作詳細闡述了風箏起放的原理，風箏的種類和扎糊、繪畫的方法。為了便於傳授，還繪製了彩色的圖譜，如彩蝶、比翼燕、螃蟹、雛燕等，並寫成歌訣。比如「瘦扎燕」歌訣說：「……眉心夔紋翠點碧，眸外花顏紅潤玉。鬢雲覆頸

附錄

襯玉頷，細指捧心愈增妍。紅巾一幅綴素錦，酥胸雙凸柳腰纖。……」

還註明畫法：「畫以煙黑為底，襯以嫩黃九幅，作大紅，配之以綠。腰間金環略以鵝色入黃，位於尾羽之端，和之以朱紅、石綠、石青、湖藍、淺紫等色，必使豔而不厭、繁而不煩。」

這裡既有形狀的描繪，又有色彩的說明，極其通俗而生動。曹雪芹還寫了關於金石、編織工藝、脫胎手藝、織補、印染、雕刻竹器和扇骨等技藝書稿。

這些書稿連同寫風箏的集成一書，題作《廢藝齋集稿》。可惜此書並未刻印且大多散佚，現在知道的是當時抄存者保留下來的一些資料。

曹雪芹不僅精通風箏的扎糊、繪製工藝，而且還是放風箏的高手。曹雪芹的好友敦敏曾作有〈瓶湖懋齋記盛〉一文，文中寫到敦敏、董邦達等觀看曹雪芹親自在宣武門裡結了冰的太平湖卜放風箏的情景。曹雪芹不僅看得出風向，還預測其日下午有風。而他起放風箏技巧之高，使在場的人都大為驚異。敦敏這樣描述他的技藝：「風鳶聽命乎百仞之上，游絲揮運於方寸之間。」這簡直到了出神入化的境地。

年譜

1715 年，即康熙五十四年，誕生於江蘇省江寧府利濟巷大街，江寧織造府內宅。祖父曹寅，父曹顒，母馬氏。

1715 年正月初九，曹顒死。顒死後康熙帝選擇曹荃四子曹頫承繼寅後，並襲織造。正月十二日補放，三月初六接任。

1727 年，即雍正五年五月間，曹頫押運織造進京，因「騷擾驛站」罪被關押。十二月間曹頫被罷職。

1728 年，即雍正六年初，曹家被抄，曹雪芹親歷這場巨變，對他思想影響極大。之後回京，時曹雪芹虛歲 14 歲。約七月間按例進入官學。

1733 年，即雍正十一年，曹雪芹時年 19 歲，按例當差。此際前後應已成婚，其妻不詳。

1735 年，即雍正十三年八月十三日，雍正暴斃。乾隆嗣位，恩詔天下，曹頫得以脫罪。

1736 年，即乾隆元年，曹頫官復原職，任內務府員外郎，家境開始好轉。

1738 年，即乾隆三年，是年康熙太子胤礽之長子弘晳謀立朝廷，暗刺乾隆，事敗，後被剝奪親王爵位。曹雪芹家可能被牽累。曹雪芹其後曾任內務府筆帖式或在宗學差事。

1739 年，即乾隆四年十月，宮廷發生「弘晳逆變」事件，曹家受到牽連。

1742 年，即乾隆七年，曹家落敗，「曹雪芹不得志，遂放浪形骸，雜優伶中，時演劇為樂」。

附錄

1743 年，即乾隆八年，曹雪芹最遲於此年在悼紅軒「披閱」《紅樓夢》。詩人屈復懷曹寅：「詩書家計俱冰雪，何處飄零有子孫。」

1744 年，開始創作《石頭記》，時年 30 歲。

1748 年，與敦誠敦敏兄弟開始結詩社。

1751 年，《石頭記》初稿基本完成。曹雪芹生活困難，不得不遷往西郊。

1753 年，《石頭記》「纂成目錄，分出章回」，已大致完成。凡例附詩，有「字字看來皆是血，十年辛苦不尋常」之語。書上已有評語。

1754 年，甲戌本《脂硯齋重評石頭記》出現。「脂硯齋」抄閱再評，用石頭記作書名。第一次整理批語。

1755 年，到江寧府兩江總督尹繼善處做幕僚。

1756 年，因乾隆在皇八子永璇處發現《石頭記》這本「邪書」，要嚴查這部「淫詞小說」的出處，曹雪芹一家連夜潛逃回北京西郊山村。七十五回未完成，還在修訂中。

1757 年，敦誠在長城腳下喜峰口任職，寫了〈寄懷曹雪芹〉長歌一首。

1758 年，夏間遷居白家疃，蓋了 4 間茅屋定居下來。

1759 年，乙卯本《脂硯齋重評石頭記》出現。該本由怡親王弘曉組織過錄。

1760 年，約重陽後，曹雪芹出示早期的《紅樓夢》的抄本給富察·明義。後明義作《題紅樓夢》詩二十絕。

1761 年，曹雪芹返回江南遊歷，搜尋素材。

1762 年初春，曹雪芹到敦誠家「西園」聽歌。留有題《琵琶行傳奇》「白傅詩靈應喜甚，定教蠻素鬼排場」的詩句。

1763 年秋，曹雪芹幼子夭亡，他陷於過度的憂傷和悲痛，臥床不起。

1764 年除夕，禁不起喪子之痛，終於因貧病無醫而逝世。虛歲 49 歲。後葬於北京郊縣張家灣祖墳。

附錄

名言

百足之蟲，死而不僵。

正不容邪，邪復妒正。

人居兩地，情發一心。

漸入鮑魚肆，反惡芝蘭香。

子系中山狼，得志便猖狂。

誰人無過？知過必改就好了。

富貴不知樂業，貧窮難耐淒涼。

編新不如敘舊，刻古終勝雕今。

萬兩黃金容易得，知心一個也難求。

世事洞明皆學問，人情練達即文章。

心病還須心藥治，解鈴還需繫鈴人。

字字看來都是血，十年辛苦不尋常。

假作真時真亦假，無為有處有還無。

才自精明志自高，生於末世運偏消。

機關算盡太聰明，反算了卿卿性命！

一朝春盡紅顏老，花落人亡兩不知！

千里搭長棚，沒有不散的筵席。

昨憐破襖寒，今嫌紫蟒長。

為官的，家業凋零；富貴的，金銀散盡。

滿紙荒唐言，一把辛酸淚，都云作者痴，誰解其中味？

你方唱罷我登場，反認他鄉為故鄉。

訓有方，保不定日後作強梁。

因嫌紗帽小，致使鎖枷扛。

電子書購買

國家圖書館出版品預行編目資料

滿紙荒唐言，曹雪芹的追求與祭奠：滔天曹家
散盡飛鳥各投林，十年浮沉鑄就紅樓辛酸淚 /
山陽，張蘭芳編著 . -- 第一版 . -- 臺北市：崧燁
文化事業有限公司 , 2022.09
　　面；　　公分
POD 版
ISBN 978-626-332-705-4(平裝)
1.CST: (清) 曹雪芹 2.CST: 傳記
782.874　　111013334

滿紙荒唐言，曹雪芹的追求與祭奠：滔天曹家散盡飛鳥各投林，十年浮沉鑄就紅樓辛酸淚

臉書

編　　　著：山陽，張蘭芳
發 行 人：黃振庭
出 版 者：崧燁文化事業有限公司
發 行 者：崧燁文化事業有限公司
E - m a i l：sonbookservice@gmail.com
粉 絲 頁：https://www.facebook.com/sonbookss/
網　　　址：https://sonbook.net/
地　　　址：台北市中正區重慶南路一段六十一號八樓 815 室
Rm. 815, 8F., No.61, Sec. 1, Chongqing S. Rd., Zhongzheng Dist., Taipei City 100, Taiwan
電　　　話：(02) 2370-3310　　傳　　　真：(02) 2388-1990
印　　　刷：京峯彩色印刷有限公司（京峰數位）
律師顧問：廣華律師事務所 張珮琦律師

定　　　價：350 元
發行日期：2022 年 09 月第一版
◎本書以 POD 印製